中学受験直前対策号

入試直前 必勝ガイド

CONTENTS

Ohyu Gakuen
鷗友学園女子中学高等学校
〒156-8551　東京都世田谷区宮坂1-5-30　TEL03-3420-0136　FAX03-3420-8782
https://www.ohyu.jp/
私は進む。
ひたむきに、しなやかに。
●学校説明会　【インターネット予約制】
●11月12日(火)　10:00～11:30
●12月 7 日(土)　①10:00～11:30 ②14:00～15:30
●入試対策講座　【インターネット予約制】
※受験生・6年生保護者対象
●12月15日(日)
①10:00～11:30 ②13:30～15:00

日の
リスト

ものは事前に準備しておきましょう。ここでは、必要な持ちものとその注意点をご紹介します。ただし、学校によっては持ちこみ禁止の場合もあるので、よく確認してくださいね。

1 かならず用意するもの

腕時計

計算機能のないものを準備し、アラームを切っておきましょう。なお、学校によっては持ち込み禁止のことがあります。

受験票

他校のものとまちがえて持って行かないよう、学校ごとにファイリングしておくとわかりやすく、折れや汚れも防げます。

筆記用具

鉛筆ならHBのものを６〜８本、シャープペンシルなら２〜３本用意しましょう。鉛筆削りや替え芯も忘れずに。

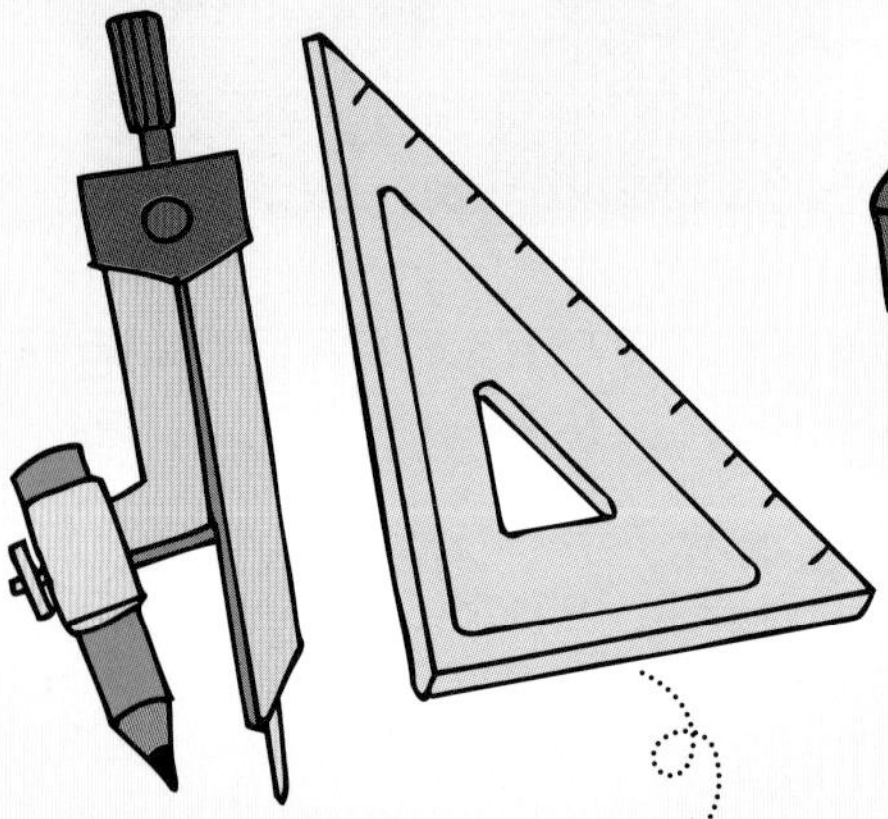

三角定規・コンパス

学校によって、必要なところや持ちこみが禁止されているところがあります。よく確認しましょう。

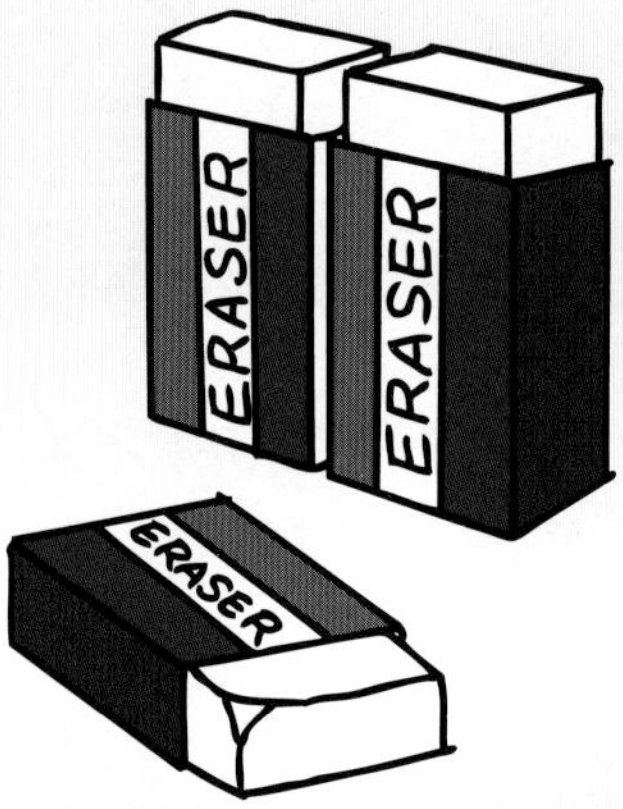

消しゴム

消しやすく良質なものを、予備を含め２〜３個用意しましょう。

試験当
持ちもの

いよいよ入試当日が迫ってきました。当日の朝はなにかと時間がないうえに、緊張しているからか忘れものをしてしまうことも多いようです。安心して入試にのぞむためにも、必要な↗

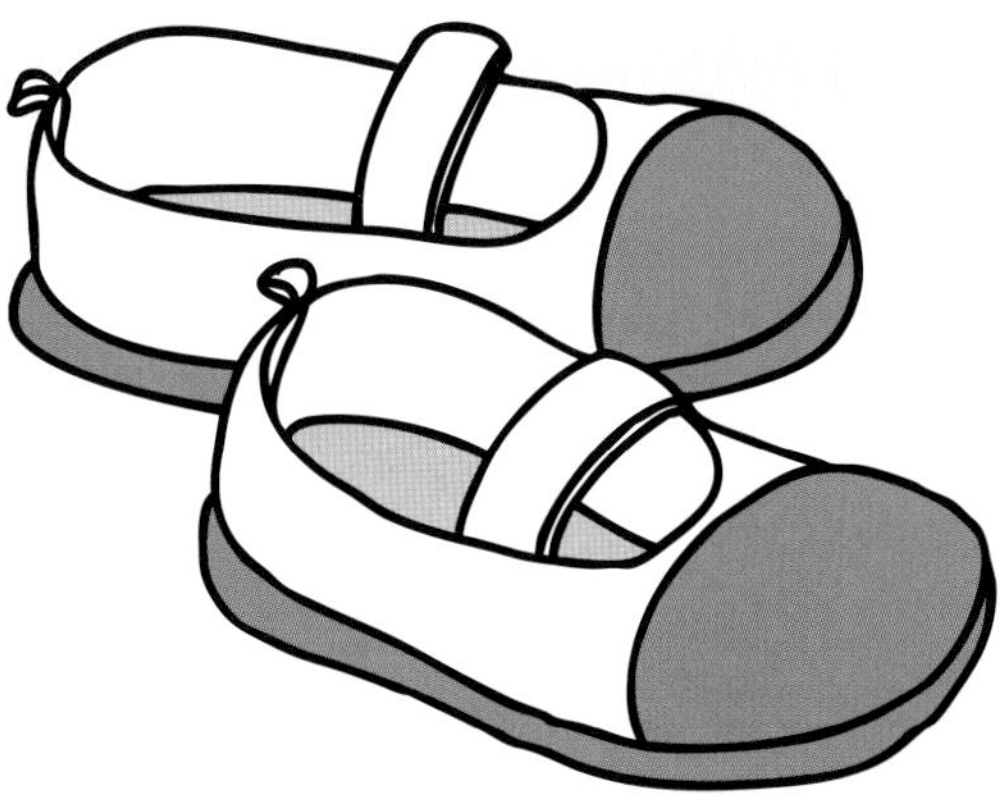

上ばき

ふだん学校で使っているもので大丈夫です。汚れていないか確認しておきましょう。

ハンカチ・タオル

新品だと水分を吸い取りにくいので、一度洗濯して持っていくのがおすすめです。ハンカチだけではなくタオルもあると安心。

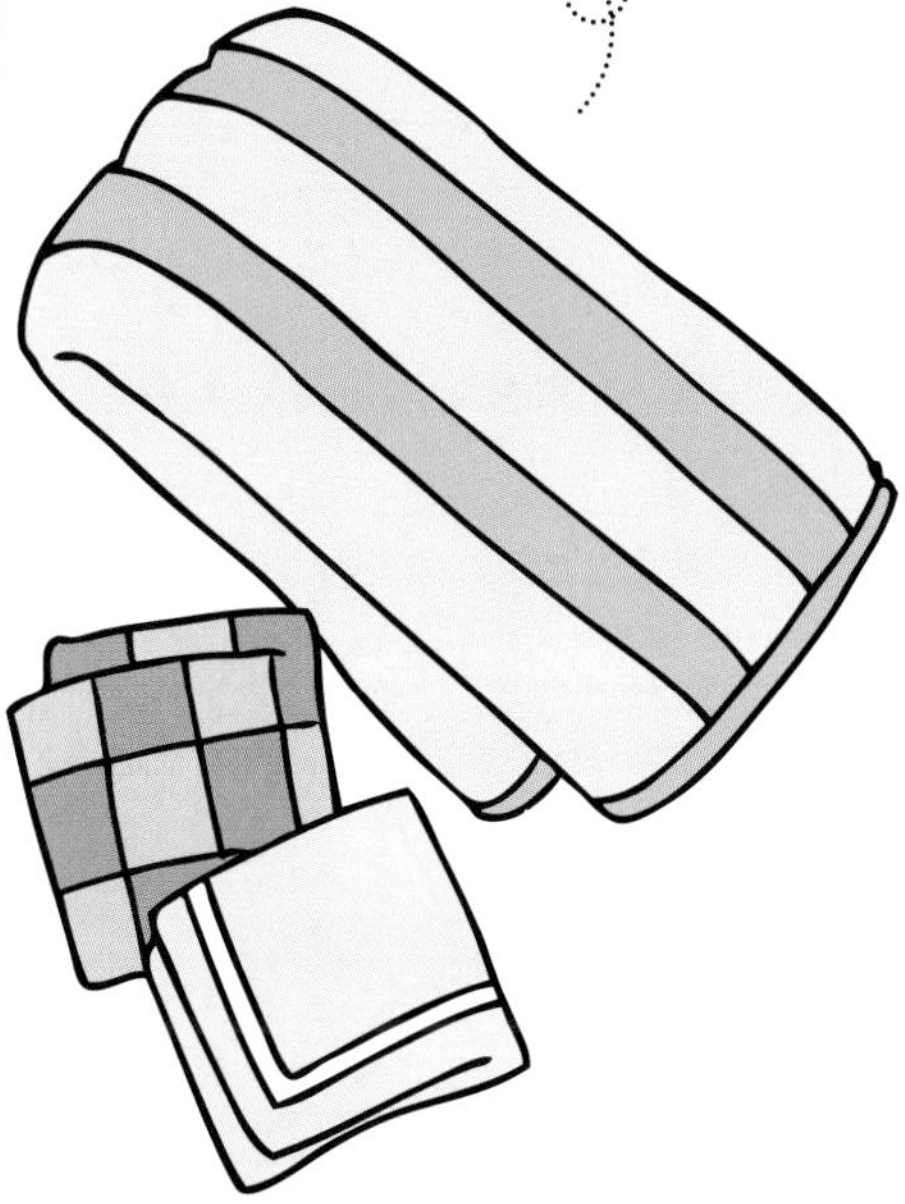

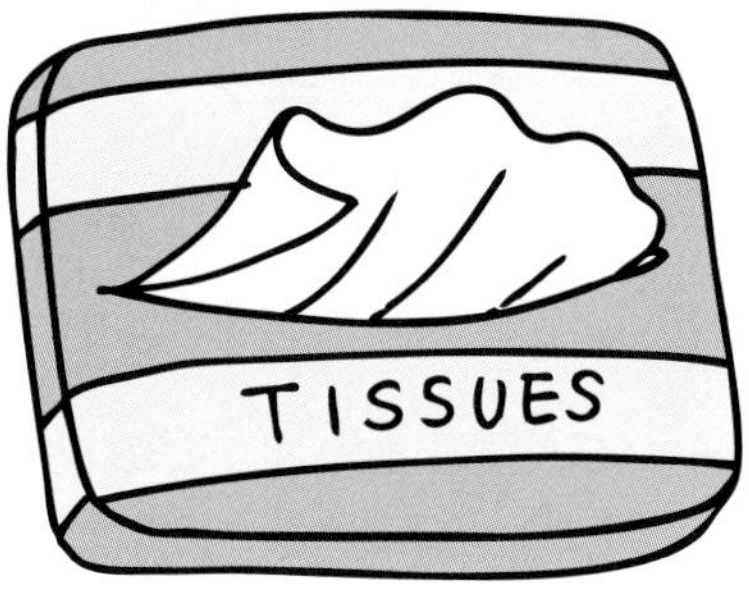

交通機関のプリペイドカード

一部の交通機関では使えないことがあります。残高不足にならないよう注意。

ティッシュペーパー

ハンカチに加えて、エチケットとして持っておきたいところです。

1 かならず用意するもの

飲みもの

荷物にならないサイズの水筒を選び、温かい飲みものを持っていきましょう。

お金

交通機関用ICカードを忘れたときなどのために小銭があると安心です。

大きめのカバン

中身が飛びだしたり、雨にぬれることがないよう、口の閉まるタイプがおすすめ。

お弁当

消化のいいおかずを選びましょう。食べやすいひと口サイズにするといった工夫も◎。

2 念のため準備しておくといいもの

替えソックス

雨や雪にぬれたときの履き替え用に。風邪予防の面でもあると安心。

雨具

ぬれたものを入れるビニール袋もあるとより便利です。レインブーツを履いていくのもいいでしょう。

ブラシ・手鏡

面接があるなら、小型の鏡やブラシを用意しておくことをおすすめします。

カイロ

寒い受験期の定番アイテム。最近では足裏に貼るタイプもあります。ただし、低温やけどには要注意です。

3 保護者向け

携帯電話

試験会場には持ちこめないので、お子さんには持たせないよう気をつけてください。

メモ帳

控室に問題や解答が掲示されることがあるため、持っておくと便利です。

4 そのほかあると便利なもの

学校案内や願書のコピー

面接があるなら必携です。待ち時間に目をとおすことで最終確認ができます。

参考書

漢字や年号など、休憩時間にさっと確認できるものがおすすめ。緊張をほぐすために使い慣れたものを持っていくという受験生も多いようです。

のどあめ・トローチ

面接前など、緊張して口が乾いてしまったときのために持っておきましょう。のどが痛いときにも重宝します。

マスク

いままでの努力を最大限に発揮するためにも、体調は万全に整えておきたいものです。入試が立てこんでいる受験生も多いと思いますので、移動時はつねに着用しましょう。風邪予防だけではなく寒さ対策の面でも、あると便利なアイテムです。

お守り

緊張を和らげ、安心できるアイテムも、カバンやポケットに入れておくといいでしょう。

終わりに

入試の当日に必要なものや、あると便利なアイテムをご紹介してきましたが、いかがだったでしょうか。落ちついて当日を迎えるためにも、足りないものがあれば、余裕を持って準備をしておきましょう。なお、81ページには「持ちものチェックリスト」を掲載していますので、そちらを参考にしながらお子さんといっしょに準備をして、当日のシミュレーションをしてみてください。

凛として生きる

くりかえしを重視する英語教育

英語で自己表現でき、国際社会で通用する英語力を身につけた生徒を育成するために、『和洋ラウンドシステム』という教育方法を導入しています。このシステムでは『くりかえし』学ぶことで定着をはかります。教科書を1年間で5回扱う過程で、たくさんの英語を聞き、使うことで英語力を磨きます。そして自分自身で課題を見つけ毎日勉強することを促します。

実験・観察を重視した理科教育

理科の授業は週4時間。「実体験から学ぶ科学」を掲げ、3年間で100項目の実験・観察を取り入れています。五感を使った体験型授業を展開し、身の回りの自然科学への理解を深めています。

1.2 年生では液体窒素を使った状態変化の実験やブタの心臓の観察など本校独自の内容を取り入れ、理科への興味・関心を高め、3年生では課題研究に取り組むことで、自然科学への探求方法を学習し、科学的思考や応用力を養います。

◆ 入試日程

● 推薦入試

12/1	日	基礎学力テスト型 GW型

● 一般入試

第1回	1/20	月	2・4科目型 英語＋2科目型
第2回	1/24	金	2・4科目型 適性検査型
第3回	2/6	木	2・4科目型

◆ 学校説明会 予約不要

11月 9日 土 10:30～

12月 7日 土 10:30～

1月 11日 土 10:30～

※開催日によって、内容が異なります。
詳細はHPをご覧ください。

わようこうのだい 検索

充実した教育環境
中学・高校・大学総合キャンパス

和洋国府台女子中学校

〒272-8533 千葉県市川市国府台 2-3-1 TEL.047-371-1120

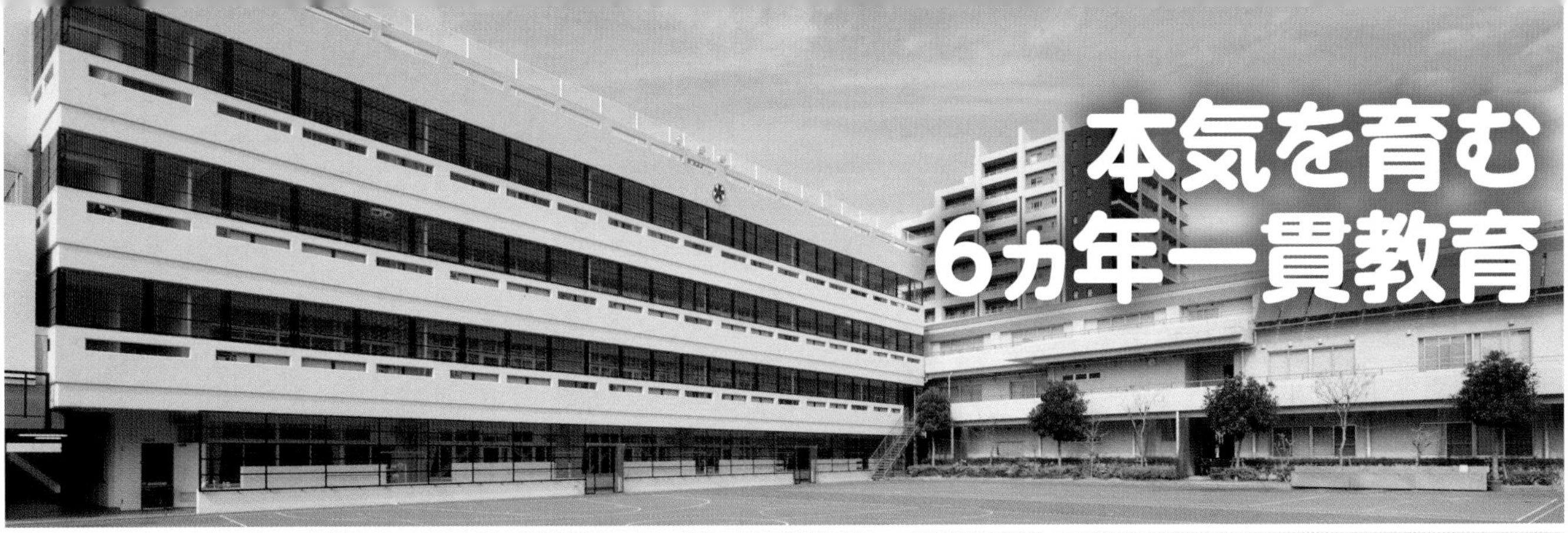

本気を育む 6ヵ年一貫教育

LTE…特色ある英語

英語を学ぶのではなく「英語で」学ぶ6年間。グループワークやディスカッション、プレゼンテーションを英語で行うことで、実践的英語力を高めます。日本人英語教員の文法の授業も含め、週10時間の英語は武蔵野ならでは。

武蔵野7つのスキルで、真の力をつけ、世界に羽ばたきませんか？

7つのスキルとは…

- Share……………［共有する］
- Explore……………［探究する］
- Present……………［表現する］
- Try……………［挑戦する］
- Support……………［助け合う］
- Self-Manage……［自己管理］
- Reflect……［自分を振り返る］

すべての教科に通じる「学ぶ力」を習得

クロス・カルチュラル・プログラム

沖縄での国内留学を実施。沖縄で暮らす外国人ファミリーと共に過ごし、海外生活を疑似体験します。離島での2泊の民泊で沖縄の文化・伝統にも触れます。英語を話す喜び、都会とは違う生活。人とのつながりの大切さを感じる5日間となります。

ニュージーランド3ヶ月留学

豊かな自然と高い安全性、世界トップクラスの教育レベルを誇るニュージーランドでの3ヶ月の留学。ホストファミリーの笑顔が不安なあなたをあたたかく見守ってくれます。コミュニケーション力UPの大きな自信となる経験。

学校説明会【要予約】 11月22日(金) 18：00～

体験イベント【要予約】 12月14日(土) 10：30～
12月25日(水) 14：00～
※各内容はHPをご覧ください

2020年度入試概要

試験日	2/1 (土)		2/3 (月)			2/4 (火)	2/7 (金)
受験区分	第1回		第2回			第3回	第4回
			午前		午後		
	2科	アクティブ	2科・4科	アクティブ	2科	2科	2科
募集人員	30名	10名	10名	10名	5名	10名	5名

武蔵野中学校 高等学校
Musashino Junior High School & Senior High School

〒114-0024
東京都北区西ヶ原4-56-20
TEL：03-3910-0151
URL：https://www.musashino.ac.jp/mjhs/

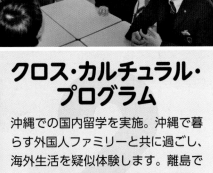

世界の隣人と共に生きる グローバル教育

横須賀学院は　キリスト教の信仰に基づく教育によって
神の前に誠実に生き　真理を追い求め
愛と奉仕の精神をもって　社会に　世界に対して
自らの使命を果たす　人間の育成を目指します

学校説明会［要web予約］※上履きの持参をお願いします

11月16日(土) 9:00～12:00 ＊入試問題体験会を並行開催
12月14日(土)10:00～11:30
1月11日(土) 9:00～12:00 ＊入試問題体験会を並行開催

※ご希望の方には、施設をご案内します

水曜ミニ説明会［要web予約］

4月～12月の毎週水曜日 10:00～11:30

※学校行事などで開催できない場合もありますので、必ずHPで確認して、予約をしてください

入試問題体験会［要web予約］

11月16日(土) 9:00～12:00
1月11日(土) 9:00～12:00

※2科目型(国算)・4科目型(国算理社)・適性検査型(Ⅰ・Ⅱ)のいずれかを選択してください

土曜直前相談会［要web予約］

1月18日(土)10:00～11:30
1月25日(土)10:00～11:30

※10:00～,11:00～のどちらかご希望の時間でお申し込みください

NEWS

2020年度より
高2体験学習は
ドイツ・ポーランドで
実施します！

横須賀の地で青山学院を継ぐキリスト教教育

6 年 一 貫 教 育

横須賀学院中学高等学校

〒238-8511 横須賀市稲岡町82番地
TEL.046-822-3218　FAX.046-828-3668
https://www.yokosukagakuin.ac.jp/

◆京急横須賀中央駅から徒歩10分　◆JR横須賀駅からバス5分 大滝町バス停下車徒歩5分

首都圏
中学入試予測

大学進学実績が中学入試を左右する図式は変わらず

森上教育研究所
所長　森上展安

来春の私立受験はどう動く!?

来春の中学入試がいよいよ近づいてきました。ここでは現時点（9月末日）で予測できる首都圏の2020年度中学入試について、森上教育研究所の森上展安所長に注目される私立中学校情報と入試展望をお話ししていただきます。なお、18ページから、同研究所に蓄積されているデータを基にして、2020年度に予測される数字を追っていただきました。

湾岸エリアに注目と人気広がり見せる算数午後入試

来年度の中学入試は、大きな模試の受験者数推移をみると、3・3%程度、受験者数の増加がありそうな状況です。

これは、東京都の小6生人口が、3000人程度増加することが最大の要因だと思われます。しかし、隣接の神奈川、千葉、埼玉の小6生人口は減少しており、地域による増減はありそうです。

直近の今春の入試では2月1日、2日通算、首都圏で最も受験者数を伸ばしたのは**青稜**（共学校）でしたので、来春も東京と神奈川、千葉の湾岸エリア中堅校には高い人気が集まりそうです。来年度はその意味でこのエリアにさらに校名変更、共学化を行う**品川翔英**が加わります（小野学園女子から変更）。新しい魅力校ができることで従来の**かえつ有明**（共学校）、男子校（高校から共学）の**芝浦工大附属**、女子校の**品川女子学院**、そして青稜を加えた湾岸エリア校の人気は来年も継続しそうです。いずれも中位難度で進学実績もいいことが受験生にとっての選択しやすさにつながっているのでしょう。

その品川女子学院が、数年前から一石を投じた算数午後入試はその後、女子校に広がりをみせ、来年も**湘南白百合**が算数午後入試に参入します。

ただ、算数というと得意な受験生は男子に多い傾向があり、事実、算数1科午後入試は、今春、**巣鴨**、**世田谷学園**の新規参入があって人気を博しました。

この算数1科入試では、男女とも、上位受験生が併願する傾向が相当強まったのは事実で、なにしろ1科目受ければよい、しかも得意だ、となれば大きな負担がなくリスクヘッジできる点が魅力です。

つづく大学附属校の人気 他大学志向強い早稲田中

また、今春、増加数の多い学校として、前記した青稜に次いで**成城学園**、**東京都市大等々力**、**東洋大京北**などが浮上しました。

いずれも系列大学のある学校でありながら、他大学進学の実績もいい学校ですね（東洋大京北はこれからですが）。

近年の**学習院**、**成蹊**、さらに日本大系列校、東海大系列校なども高い人気ですが、こうした系列大学がありながら、進学実績もいいというスタンスの代表格は**早稲田中**です。

早稲田中の人気は高止まりしています。附属校としてというより半附属校としての人気なのですね。つまり、早稲田大に進めるというリスクヘッジをしつつも、さらに国公立大など上位大学にチャレンジできるメリットが人気を支えていると思われ

森上教育研究所
1988年、森上展安（もりがみのぶやす）によって設立。受験と教育に関する調査、コンサルティング分野を開拓。新聞、雑誌への執筆のほか、森上を著者に『10歳の選択　中学受験の教育論』『中学受験入りやすくてお得な学校』（いずれもダイヤモンド社刊）など刊行多数。

ます。ちなみに早稲田大への進学は、近年ほぼ50%で推移しています。

そんななかで**香蘭女学校**が立教大への進学率（進学枠）を拡大させると公表しました。また、**浦和ルーテル学院**は青山学院大学系属と校名に冠がつきました。

こうしたMARCHクラスの大学の附属校であるというブランドの訴求が、より人気が集まる理由になっています。

このことは再三指摘されることですが、大都市圏私立大の合格者数厳格化政策がこれら私学トップランクの学校の難度を押し上げていることがなんといっても大きく、附属校人気は大学入試難化をにらんだ受験生心理として理解することができます。

もっとも入りやすさでは早慶GMARCHの附属には、中学入試より高校入試の方がはるかに入りやすいと受験関係者にはみられています。

また、費用対効果を考えてたとえば早稲田大の場合なら、寮があり首都圏入試も行っている**早稲田佐賀**を選択するケースもあるようです。

※早稲田佐賀の早稲田大への推薦枠は卒業生の約50%。このほか国公立大へも京都大、大阪大、九州大など。私立大へも慶應義塾大、東京理科大、早稲田大（一般受験）などみるべき実績がある。

早稲田佐賀ができたので少し触れますと、寮制学校のメリットが近年注目されています。

背景にあるのは母親の就労。

もともと医師の家庭などは母親も医師であったりして、難関医学部に入れるための寮制学校志向はもとから根強くあります。したがって**開成**に落ちたら、寮があり医学部実績も高い札幌の**北嶺**に行く、というようなケースもままあるようなのです。

もっとも近年は通学制の私立中高一貫校も医学部実績を相当あげてきており、**桜蔭**はもとより、巣鴨、**海城**、**江戸川学園取手**など、医学部への実績がある進学校が増えています。

難関校の大学進学は堅調 完全一貫校となる豊島岡

ところで大学への進学実績という点では難関校の実績は高値安定しています。

男子で、近年少し精彩を欠いていた**駒場東邦**が復調しており、**武蔵**も新校長就任や新理科棟完成など魅力を増しています。また神奈川の**栄光学園**、**聖光学院**の高い実績は目を見張るものがあります。

女子では女子御三家に加え、高校募集を現小6生が高校入試にあたる年からは中止することを公表した**豊島岡女子学園**が桜蔭につぐ実績をしめしており、なんといっても注目でしょう。また、**吉祥女子**、**鷗友学園女子**、**洗足学園**などこれにつぐクラスの女子校も健闘しており、女子難関上位校が堅調です。

神奈川の女子御三家の方は東京の女子難関校ほどには厳しくなく、倍率はもともと女子校は高くないとはいえ、かなり緩やかな状況で推移しています。

ところで私どもで出題について改めて分析したところ、難度との相関が高いのが女子校の入試問題でした。

一方、男子校は中位校自体がないせいもあるのですが、高い難度と低い難度に問題傾向が両極で分かれていました。

これを埋めるのが男子にとっては共学校になるはずなのですが、共学校の問題は調べたところ難度との相関が弱いことがわかりました。かならずしも難度に相当する入試問題ばかりではなかったのです。

このように女子校にみられる学力相当問題ばかりでもないのが共学校の現実です。

その意味では**宝仙学園理数インター**のような入試多様化が、共学校でも男子校でも魅力的になっていく方向でしょうか。

※宝仙学園理数インターの入試は、質の異なる問いかけからなる7タイプで実施されている（2019年度）。

東京、神奈川の受験生は1月に力試しの機会が

こうなると過去問などで吟味《ぎんみ》して、落としてはいけない問題を識別する対策が必要です。具体的には正答率を学校などから入手して、合格者平均点となるにはどのような問題を正解しなければならないか、この直前期には見極めがつくようにしたいところです。

中学入試は、小6生が受験するので、お試し受験がどうしても必要です。いきなり第1志望を受けてもふだんの調子をだせないものです。

その対策として、埼玉・千葉・茨城の私立では1月中に入試があるので受けることができます。東京・神奈川の受験生には、2月1日以降の入試の前哨戦《ぜんしょうせん》としての利用が可能なのです。

茨城・千葉は第1志望受験生がよ

り多く受けるため、やはり埼玉の私立が倍率も緩やかで併願者向きです。

　例年、**栄東**などは6000人もの受験生でにぎわいますし、そもそも**開智**、**西武文理**、**大宮開成**など共学進学校に加え、**立教新座**、**浦和明の星**、**淑徳与野**などの男子校、女子校も都内・神奈川からの受験生が多くなっています。前述した寮制学校の**佐久長聖**（長野）なども数千人の受験生がおり向いています。

必要なのは国際的に強い人材 留学制度充実の佼成女や淑徳

直前期は出題傾向の吟味を

ここ数年の人気トレンドは以上に加えて国際化です。

　これまでめだたなかった**東京学芸大附属国際**は開校8年目で2回目の卒業生をだしたところですが、卒業生131名中28名も、エール大学など海外トップランクの大学に合格者をだしました。そのせいか、数回予定している説明会は満員御礼状態となっています。

　私立での国際化に魅力のある学校といえば、**渋谷教育学園幕張**、**渋谷教育学園渋谷**の両校でしたが、近年は**広尾学園**、**三田国際学園**、**開智日本橋学園**なども高い人気です。

　これらのうち、前述した東京学芸大附属国際や開智日本橋学園はIB（インターバカロレア）認定校ですが、来年入試に向けて**聖ヨゼフ学園**もIB校化を明らかにしていますので注目です。

※インターバカロレア（国際バカロレア）とは世界共通の大学入学資格のことで、それにつながる中・高校生の教育プログラムもさしている。

　また、ダブルディプロマという制度を導入し、実績をあげている**文化学園大杉並**も注目の存在となっていますが、来年から同じ路線を打ちだしているところに**神田女学園**、**国本女子**、**麹町学園女子**などがあります。

※ダブルディプロマとは、日本と他国と両方のディプロマ（高校卒業資格）が取得できる制度をさす。

　このように国際化に取り組んでいる学校は少なくありませんが、やはり海外大学進学となると費用もかさみます。

　この点、**佼成学園女子**、**大妻**などは学内成績が上位であればロンドン大学など難関大学に進学できる制度などもあることは案外知られていません。武蔵などには法人からの支援金制度もあります。

　ただその前にやはり語学力です。語学には留学が効果的ですね。前述の佼成学園女子や、**淑徳**には「クラスまるごと1年間留学」という際立った制度があります。

◇

　さて、つぎのページからは、当研究所のデータ分析による、来春の中学入試予測を載せてみます。

2020年度の中学入試予測

1 過去20年にわたる超長期分析

受験者・公立小卒者の動向

　首都圏私立中学の2月1日受験者数前年対比（【資料1】）を見ると、リーマンショック以前は増加傾向でしたが、2008年のリーマンショック以降は2011年までは横ばい傾向で、2012年からは増加傾向が見られました。しかし、2008年～2015年の受験者数は一度も前年を上回ることがなかったことを考えると、2016年受験者数前年対比が102・6％となったのは転換点といえます。さらに、2017年～2019年で、3年つづけて前年対比が100％以上となり、増加傾向が明確になりました。

　公立小卒者数については、少なくとも2008年までは、受験者数は公立小卒者数の影響が強かったのですが、リーマンショックの影響で2009年以降は景気の影響も考えなければならなくなりました。しかし、2016年以降はその影響もほとんどなくなったようです。小6人口は2008年に大幅な減少となった直後、2009年～2011年に増加傾向のあと、2012年～2016年は微減傾向となり、2017年・2018年では減少率が大きくなっていましたが、2019年で顕著な増加となりました。2019年に受験者数前年対比が104・6％と急増した原因は、小6人口の増加が大きかったことがわかります。

中学受験比率からの分析

【資料2】から、中学受験比率（2月1日受験者数÷1都3県公立小卒者数×100）では、公立小卒者数（小6人口）に左右されることなく、100名あたりの1都3県の公立小卒者が中学受験をする人数を知ることができます。2001年からは「ゆとり教育」により中学受験のブームが始まりました。2009年入試でリーマンショックによりブームは終わり、2015年入試の中学受験比率は2001年入試の水準まで戻り

【資料1】 2月1日受験者数・公立小卒者数（1都3県）対前年比較

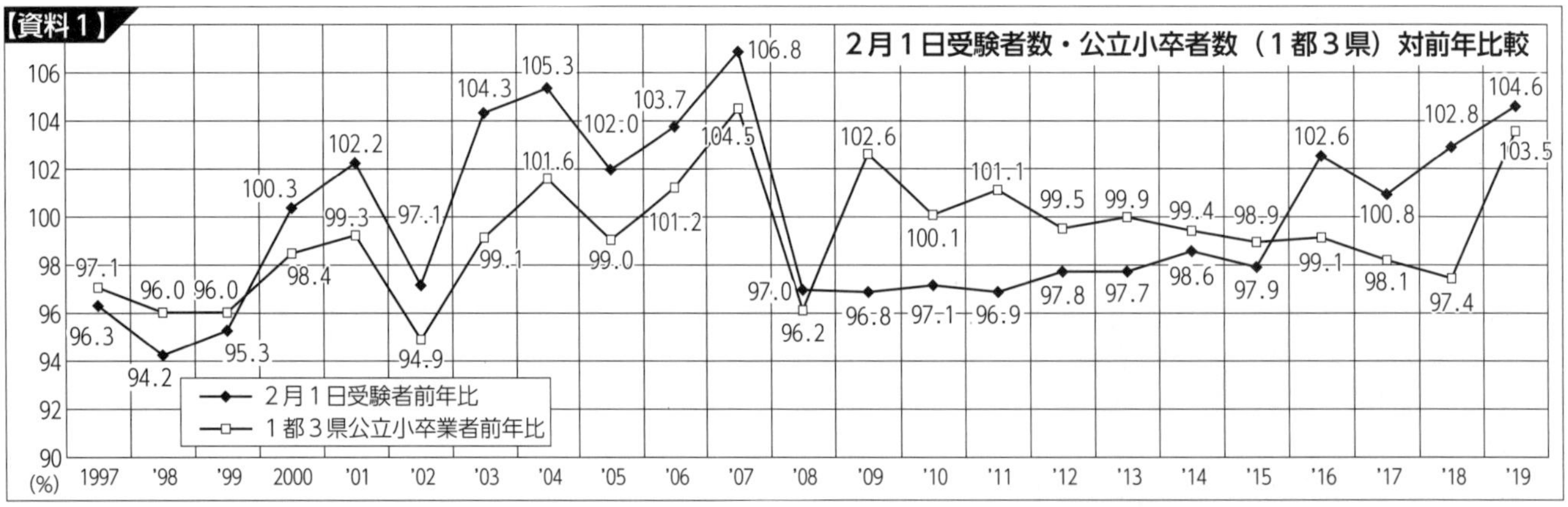

【資料2】 中学受験比率（2月1日受験者数÷1都3県公立小卒業者数×100）

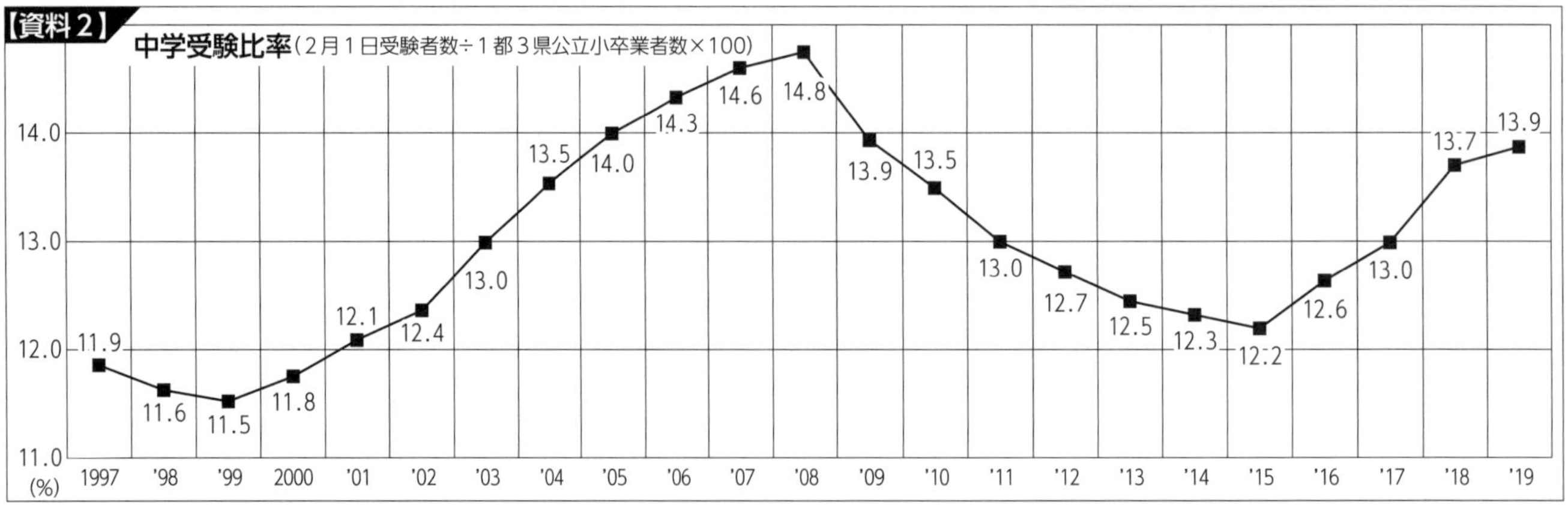

【資料3】

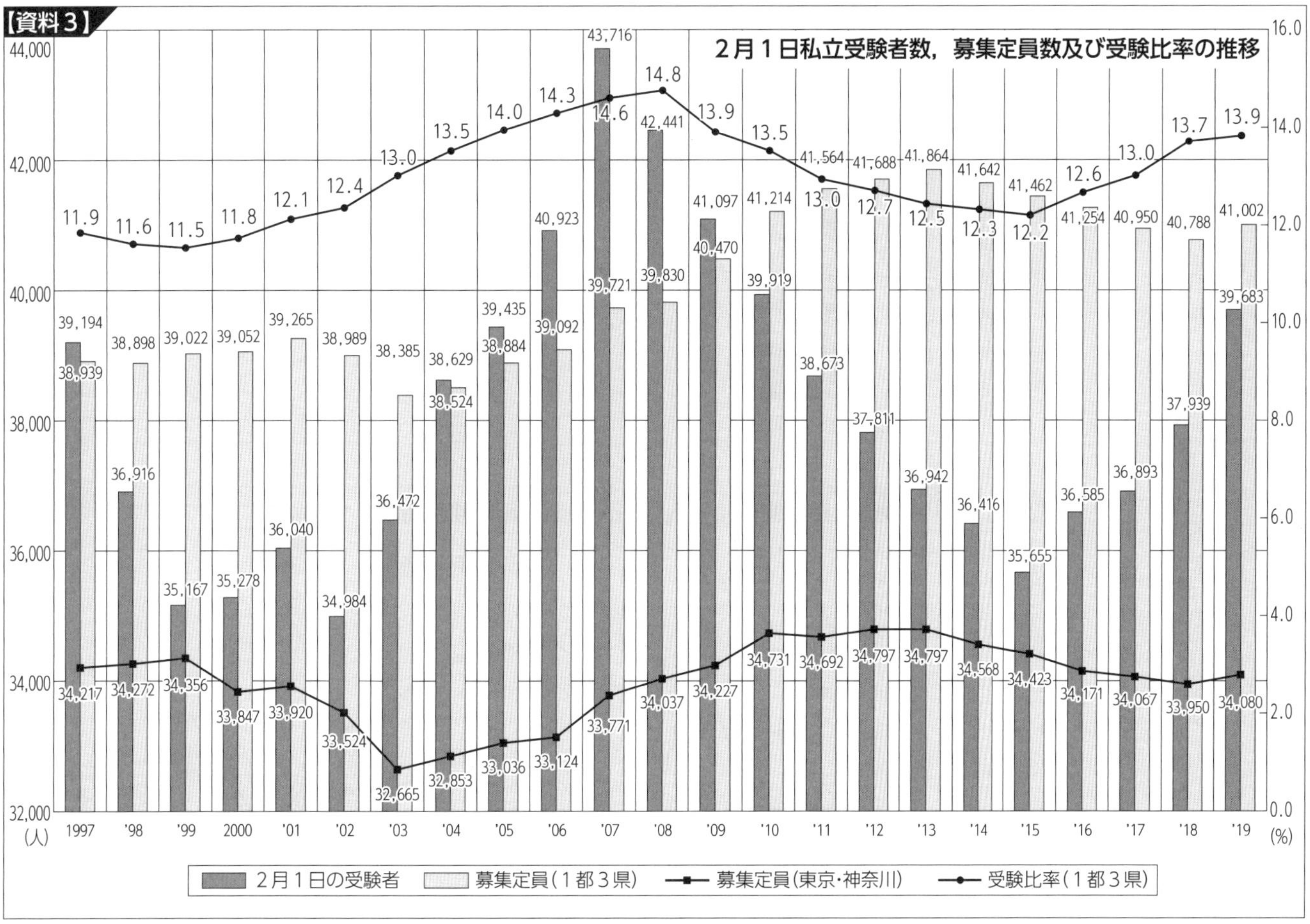

ました。

　しかし、2016年入試から突然増加し始め、2017年〜2019年入試ではさらに増加しました。中学受験比率が4年間連続して増加したことで、再び中学受験ブームとなったといえますが、2019年入試でブームが下火となってきたようにも見えます（見方を変えれば、2016年入試からコンスタントに増加しているようにも見えます）。受験者数が急増した原因は小6人口の増加が大きかったのですが、中学受験比率の増加もあったことがわかります。しかし、中学受験比率前年対比は101・5％（13・9／13・7）で、公立小卒者数前年比103・5％に比べ少ないようです。

募集定員と受験者数・中学受験比率

【資料3】は、募集定員と受験者数・中学受験比率の関係がわかるようにまとめたものです。受験者数は中学受験比率と連動しており、2015年までの受験者数の減少は公立小卒者数が減少したことだけが原因ではなく、中学受験比率が減少したことも原因といえます。さらに、2016年〜2018年では受験者数が増加していますが、公立小卒者数は減少しつづけています。その原因は、中学受験比率が大幅に増加に転じたからです。つまり、私立中学受験を行う公立小卒者の割合が増加したことになります。しかし、2019年では公立小卒者数と中学受験比率が同時に増加した結果、受験者数が急増しました。

　1都3県の募集定員、東京・神奈川の募集定員とも2014年以降は減少傾向となり、受験者数が増加し始めた2016年以降も2018年まで減少傾向はつづきました。しかし、2019年入試では、どちらの募集定員もわずかですが増加傾向が見られます。なお、1都3県の募集定員前年比は100・5％で、東京・神奈川の募集定員前年比は100・4％でした。

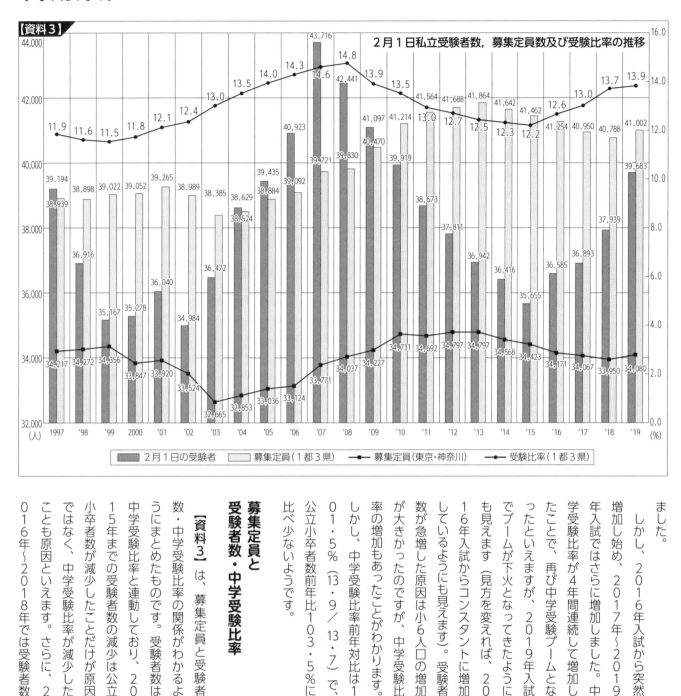

2 小6人口の推移分析

26ページの【資料4】は、2018年首都圏の公立小学校の6年生人口（2019年入試の受験生）を100％として推移をグラフにしたものです（2019年入試以降は予想）。【資料1】を見ると、リーマンショック以前は小6人口の増減が受験者数の増減に大きく影響しましたが、リーマンショック以降は、不況の影響が受験者数の減少につながりました。【資料1】を見ると、2018年の受験生（2017年4月の小学6年生）は、近年では最少となったことがわかります。しかし、2019年は、小6人口前年比が103・5％と急増しました。2020年は、東京・神奈川・千葉は増加しますが埼玉は減少し、合計の小6人口前年比は101・1％で、多少の増加にとどまります。その後は東京だけが2023年入試（2022年4月の小学6年生）までは受験者数は増加しますが、その他の所在地では減少に転じます。

3 学校ランクと学校種別の表による分析

2018年受験者数前年対比

【資料5】の学校種別を見ると、2018年は男子校が横ばい、女子校が減少し、共学校は前年対比103・3％と顕著に増加しました。小6人口減少の影響を加味すれば、共学校の実質的な受験者数増加率は6・0ポイントにもなり、2017年に引きつづき、共学校の人気が高いことがわかります。

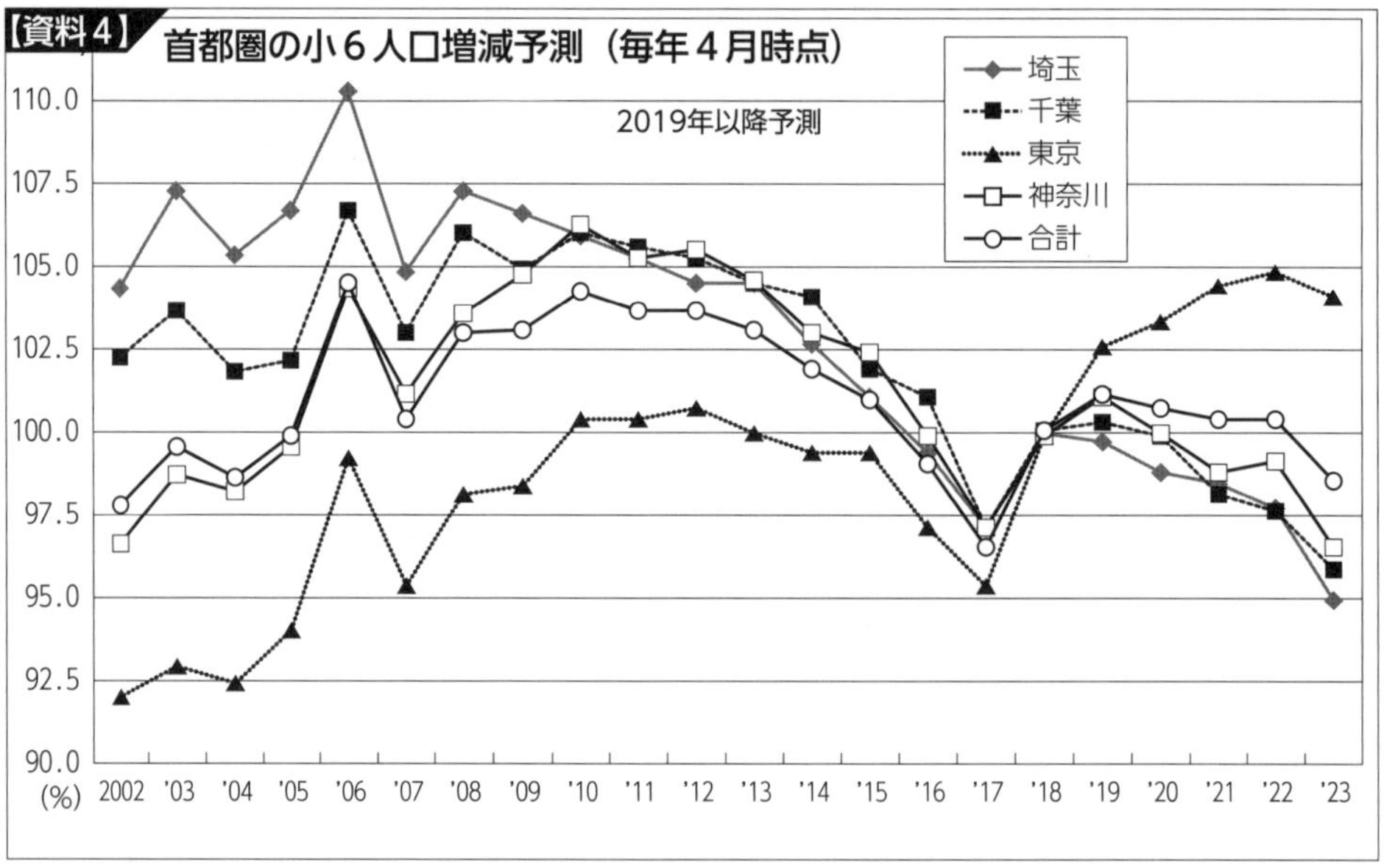

学校ランクを見るとA〜DランクとE〜Hランクで明確に二極化となっています。A〜Dランクでは、これまで増加率の高かったCランクの増加よりもB・Dランクの増加が高いようです。E〜Hランクでは、Eランクの減少率が顕著になっています。

学校ランクと学校種別をかけ合わせた表の列と行で見ると、Bランクの増加は男子校・女子校・共学校で、Dランクの増加は女子校と共学校が原因でした。Eランクの減少は明確に女子校が原因となっています。

2019年受験者数前年対比

【資料6】の学校種別を見ると、2019年は、男子校・女子校・共学校とも増加率が高く、とくに近年、減少傾向だった女子校が増加に転じました。

学校ランクを見ると、Bランクが横ばいですが、ほかのランクはすべて増加でした。昨年とは逆で、Dランクを除くA〜Cランクで増加率が低く、E〜Hランクの増加率が高いことがわかります。中下位ランクの増加が高くなるのは全体的に受験者数が増加したときの特徴です。

学校ランクと学校種別をかけ合わせた表の列と行で見ると、Dランクは共学校が増加要因でBランクは共学校が横ばいの要因です。Dランクの増加から共学校の志望者は志望校のランクを下げたと思われます。

2009年と比較した受験者数増減率

【資料7】の増減率2019年／2009年を見ると、ピークの2009年から、A〜DランクとE〜Hランクで増減率のちがいが大きく、学校ランクによる二極化が明確です。とくに、Gランクでは、平均で70ポイント弱の受験者数が減少しています。特殊な入試や差別化できる教育内容で、これまで比較的減少率が低かったHランクも40ポイント強の減少率となっています。

4 受験者数推移による2020年入試予想

学校ランク

【資料8】〜【資料12】は2009年入試の受験者数を起点（100％）として増減率の推移を表しています。

【資料6】2019年　学校ランクと学校種別受験者数前年対比(2019/2018)

		学校種別			
		男子校	女子校	共学校	合計
学校ランク	A	105.3%	104.0%	99.9%	102.8%
	B	102.2%	101.0%	98.1%	100.3%
	C	109.2%	107.0%	98.9%	102.3%
	D	98.4%	107.6%	122.3%	114.6%
	E	*125.4%*	94.7%	105.5%	103.6%
	F	*104.0%*	102.7%	106.2%	105.4%
	G	*108.9%*	112.9%	101.6%	105.4%
	H	*126.3%*	95.7%	109.7%	106.3%
	合計	104.8%	103.8%	104.3%	104.3%

【資料5】2018年　学校ランクと学校種別受験者数前年対比(2018/2017)

		学校種別			
		男子校	女子校	共学校	合計
学校ランク	A	100.4%	100.2%	107.8%	102.9%
	B	104.4%	106.3%	103.4%	104.1%
	C	94.7%	100.6%	104.1%	101.0%
	D	94.5%	103.4%	107.5%	104.6%
	E	*115.0%*	80.4%	100.4%	93.6%
	F	*102.0%*	*86.8%*	97.9%	97.0%
	G	*99.7%*	89.2%	100.1%	97.6%
	H	*96.6%*	93.7%	102.7%	99.8%
	合計	100.3%	97.2%	103.3%	101.2%

●**学校ランク：四谷大塚偏差値**
A65以上、B64～60、C59～55、D54～50、E49～45、F44～40、G40未満、Hは非エントリー

●**受験者数前年対比の表示：**
受験者数が比較的多い
前年対比が100%以上　例: 102.7%

受験者数が比較的少ない
前年対比が90%未満　例: 88.4%

参考データ（受験者数1,000名未満のため）　＜小さく斜体で表示＞
例: *95.5%*

【資料7】学校ランクと学校種別受験者数増減率

(2019/2009)(2009年度=100%)

		学校種別			
		男子校	女子校	共学校	合計
学校ランク	A	95.6%	89.5%	98.1%	94.1%
	B	90.1%	92.0%	82.7%	87.2%
	C	79.3%	110.4%	138.9%	117.1%
	D	72.9%	78.0%	141.2%	103.5%
	E	*97.7%*	62.3%	63.9%	62.4%
	F	*22.7%*	*46.6%*	52.0%	50.2%
	G	*60.4%*	28.0%	34.9%	34.2%
	H	*52.7%*	49.2%	60.8%	57.5%
	合計	82.7%	72.7%	84.4%	81.2%

【資料8】学校ランク別　受験者数増減率推移

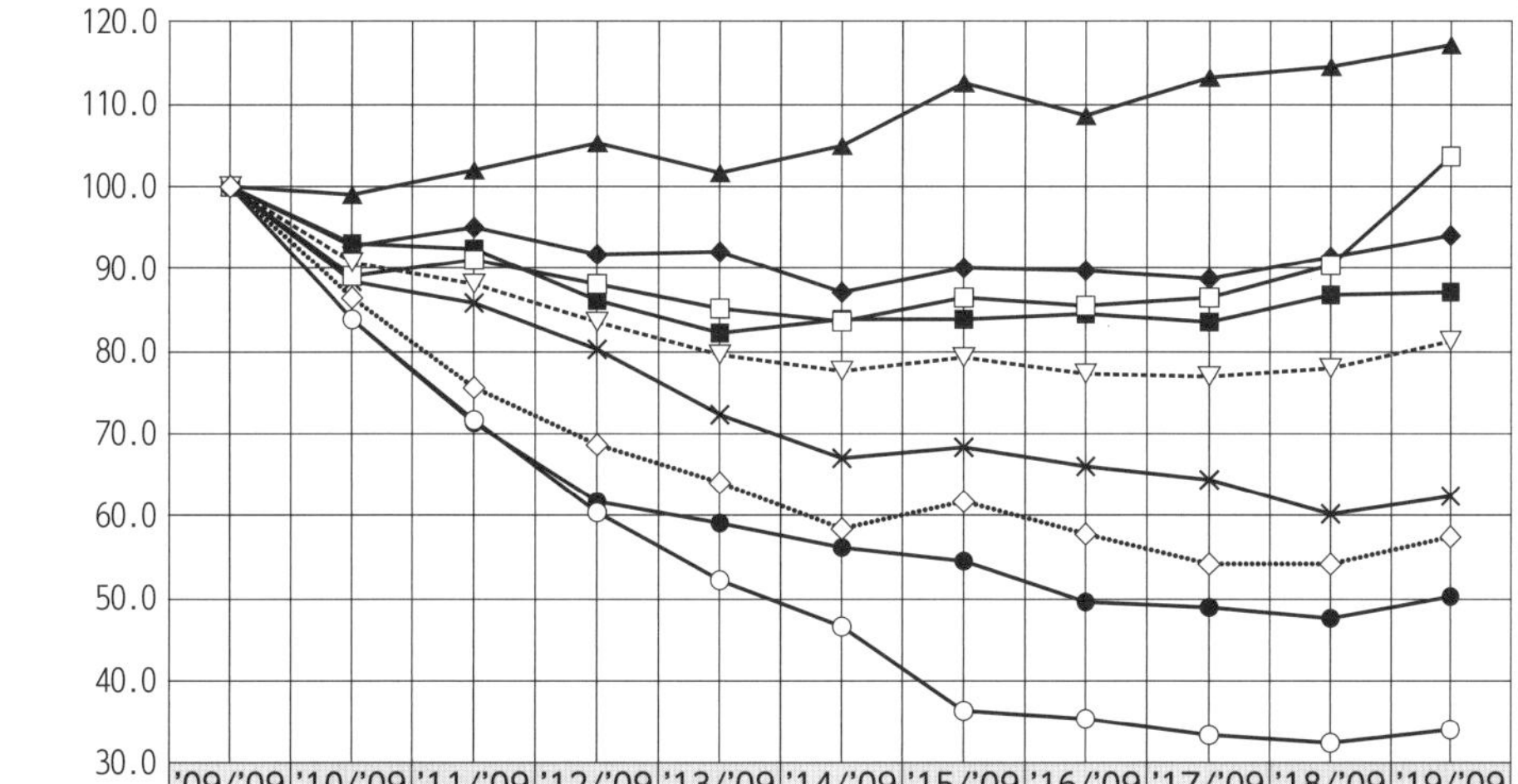

	'09/'09	'10/'09	'11/'09	'12/'09	'13/'09	'14/'09	'15/'09	'16/'09	'17/'09	'18/'09	'19/'09
A	100.0%	92.9%	95.0%	91.7%	92.0%	87.0%	90.0%	89.8%	88.9%	91.5%	94.1%
B	100.0%	93.0%	92.4%	86.0%	82.1%	83.7%	83.9%	84.7%	83.5%	87.0%	87.2%
C	100.0%	98.9%	102.1%	105.4%	101.5%	104.9%	112.6%	108.5%	113.2%	114.4%	117.1%
D	100.0%	89.2%	91.0%	88.0%	85.3%	83.6%	86.4%	85.4%	86.4%	90.4%	103.5%
E	100.0%	88.5%	85.7%	80.4%	72.4%	67.0%	68.2%	65.9%	64.4%	60.3%	62.4%
F	100.0%	83.9%	71.3%	61.7%	59.1%	56.1%	54.4%	49.4%	49.1%	47.6%	50.2%
G	100.0%	83.8%	71.8%	60.5%	52.2%	46.6%	36.4%	35.5%	33.3%	32.5%	34.2%
H	100.0%	86.5%	75.6%	68.7%	64.1%	58.5%	61.6%	57.7%	54.2%	54.1%	57.5%
合計	100.0%	90.7%	88.1%	83.5%	79.7%	77.5%	79.2%	77.2%	76.9%	77.8%	81.2%

●**表示：**
受験者数が比較的多い　：'09を100%とした増減率が90%以上、例: 98.6%
受験者数が比較的少ない：'09を100%とした増減率が70%未満　例: 68.2%

●**学校ランク：四谷大塚偏差値**
A65以上、B64～60、C59～55、D54～50、E49～45、F44～40、G40未満、Hは非エントリー

【資料８】の「合計」を見ると、リーマンショック以降、２０１４年までは減少傾向が見られました（２０１５年はサンデーショックのため、実際の受験者数は少ないと思われます）。Cランクは増加傾向で、その原因は埼玉の一部の学校で受験者数が増加したためと思われます。A・B・

Dランクは２００９年～２０１４年は微減傾向で、２０１５年～２０１８年は微増傾向です。E～Hランクは２００９年～２０１４年は顕著な減少傾向で、２０１５年～２０１８年は微減傾向でしたが、２０１９年で増加傾向となっています。

２０１９年は受験者数が急増した

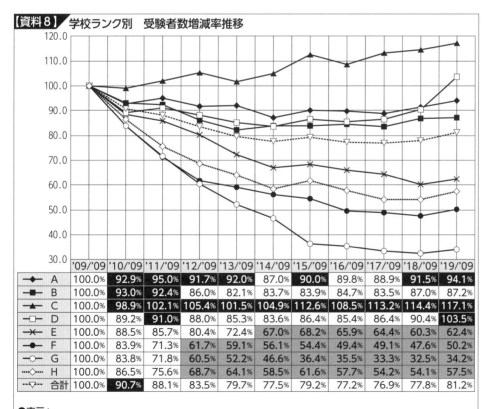

【資料9】所在地別　受験者数増減率推移

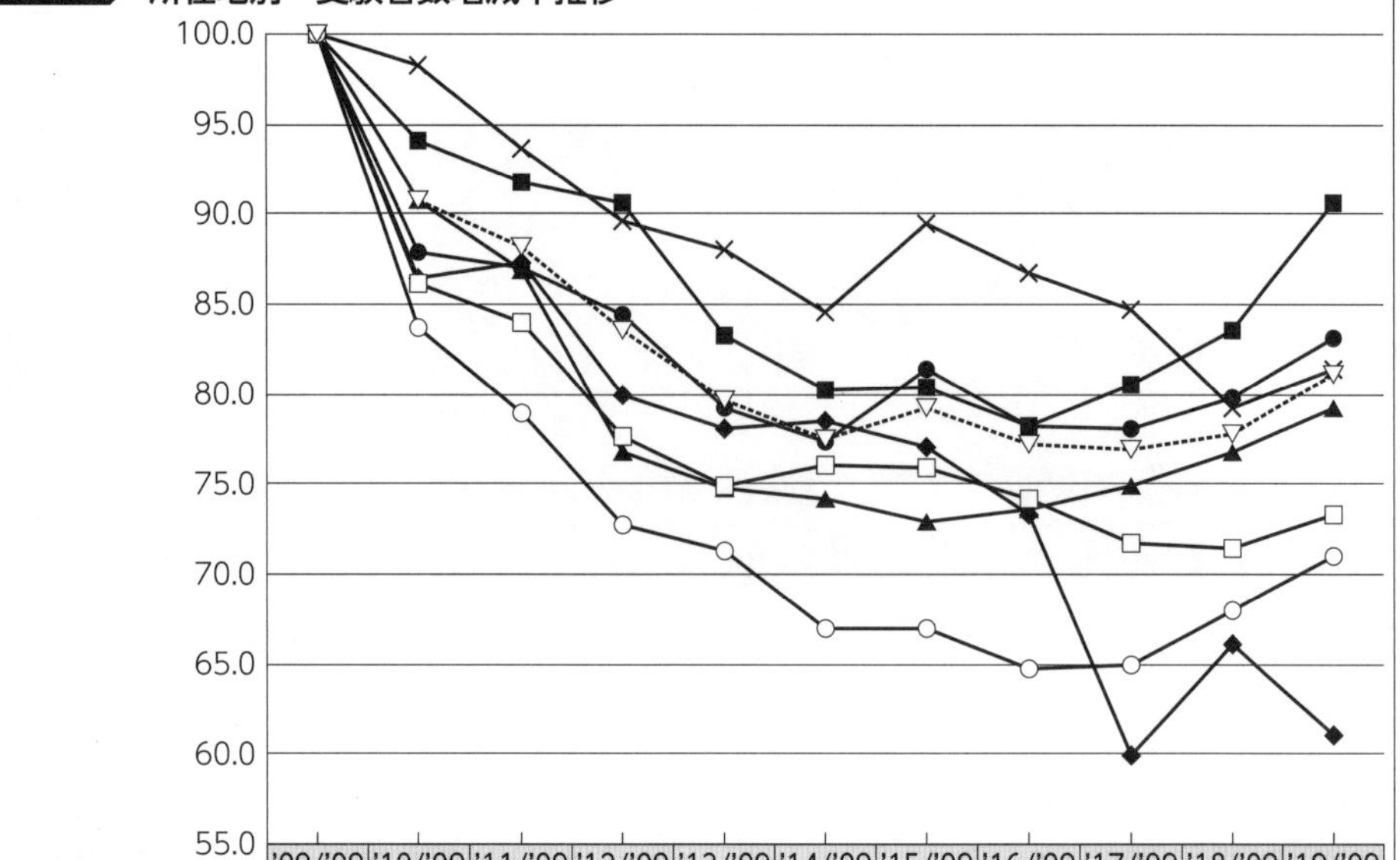

	'09/'09	'10/'09	'11/'09	'12/'09	'13/'09	'14/'09	'15/'09	'16/'09	'17/'09	'18/'09	'19/'09
─◆─茨城	100.0%	86.5%	87.3%	79.9%	78.1%	78.5%	77.0%	73.3%	59.9%	66.1%	61.1%
─■─埼玉	100.0%	94.0%	91.8%	90.6%	83.3%	80.2%	80.4%	78.2%	80.5%	83.5%	90.6%
─▲─千葉	100.0%	90.8%	86.8%	76.7%	74.8%	74.1%	72.9%	73.6%	74.9%	76.7%	79.2%
─×─神奈川	100.0%	98.2%	93.7%	89.6%	88.0%	84.5%	89.4%	86.8%	84.8%	79.2%	81.4%
─□─北東部23区	100.0%	86.1%	84.0%	77.7%	74.9%	76.1%	75.9%	74.2%	71.7%	71.4%	73.2%
─●─北東部以外の23区	100.0%	87.9%	87.0%	84.4%	79.3%	77.3%	81.3%	78.3%	78.1%	79.8%	83.0%
─○─多摩地区	100.0%	83.6%	78.9%	72.7%	71.3%	67.0%	66.9%	64.7%	65.0%	68.1%	71.0%
┅▽┅合計	100.0%	90.7%	88.1%	83.5%	79.7%	77.5%	79.2%	77.2%	76.9%	77.8%	81.2%

●表示：
受験者数が比較的多い　：'09を100%とした増減率が90%以上　例：98.6%
受験者数が比較的少ない：'09を100%とした増減率が70%未満　例：68.2%

ことでE～Hランクも増加となったことが特徴的ですが、A～DランクとE～Hランクの減少率の差が大きい二極化が明確です。2020年入試は中学受験比率により受験者数は横ばい～増加となる幅広い予想ですが、A～DランクとE～Hランクの二極化は大きくなると予想します。

学校所在地

通常、所在地ごとの小6人口の増減は影響があると思われます。【資料9】を見ると2017年・2018年入試は神奈川が減少し、多摩地区は増加しました。2019年は、茨城を除いたすべての学校所在地で、受験者数が増加し、神奈川でも増加しています。とくに、埼玉の受験者数は増加が顕著です。

2020年入試は中学受験比率により、受験者数は横ばい～増加となる幅広い予想ですが、学校所在地別の受験者数は、小6人口と同様、東京・神奈川・千葉では増加しますが、埼玉では横ばいまたは減少すると予想します。なお、茨城の小6人口は調査していませんが、【資料9】から減少する予想です。

学校種別

2015年／2009年のサンデーショックの影響と2016年／2009年のサンデーショックの反動がどれだけあったかが【資料10】を見るとよくわかります。

2009年以降、男子校・女子校・共学校とも、合計と平行に推移し、減少しつづけてきました。サンデーショックで2015年／2009年は女子・共学校が増加しましたが、男子校は減少しました。小6人口の影響もあり、2015年までは微減傾向がつづきました。

グローバル化が2017年・2018年入試の小6人口の減少を緩和したと考えれば、グローバル化のさかんな共学校が増加したことは納得できます。2019年入試では男子校・女子校・共学校とも増加しました。これまで減少傾向であった女子校も増加に転じたことが特徴的です。

2020年入試は中学受験比率により、受験者数は横ばい～増加となる幅広い予想で、2019年入試のように顕著な増加とはならないでしょう。これまでの傾向から、共学校・男子校は増加しても女子校は横ばいまたは減少と予想します。

大学附属校・進学校・半附属校

【資料11】を見ると、附属校は、2016年入試で受験者数が大幅に増加しました。増加した原因は2020年度大学入試改革に対する不安のためで、大学受験をしなくとも附属大学に進学ができるからではないかといわれていました。そして、2017年～2019年入試でも受験者数は増加し、4年間もつづいたことで明確になりました。

これまで減少しつづけてきた半附属校も2018年は附属校に引っ張られるように多少増加に転じましたが、2019年は合計の増加に比べて低い微増となりました。

進学校は、2015年までは減少

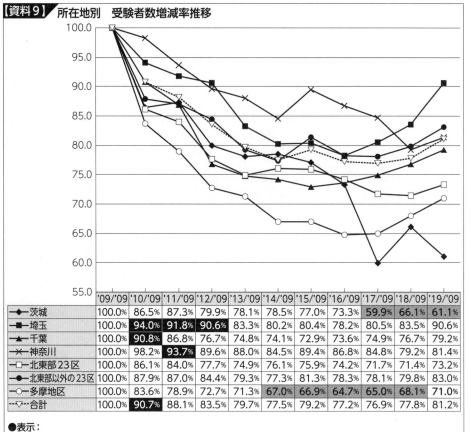

【資料10】学校種別　受験者数増減率の推移

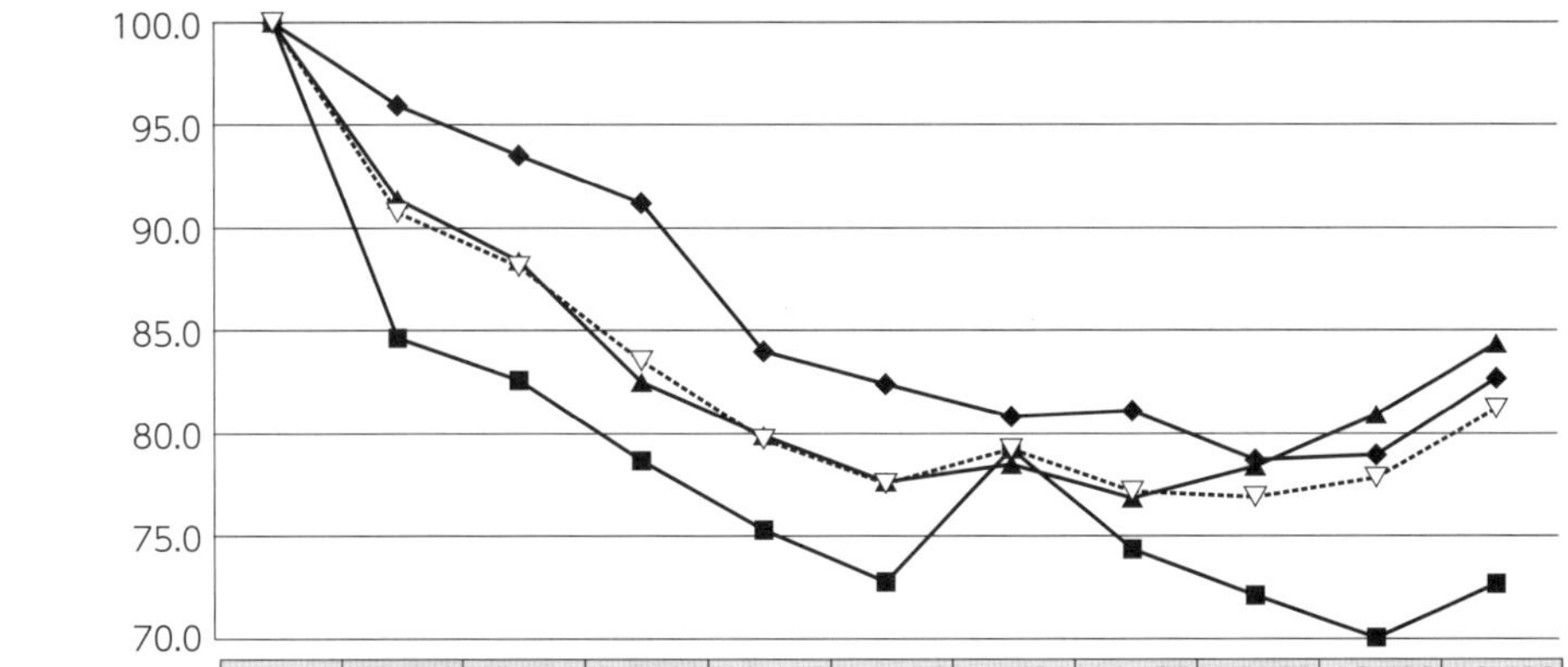

	'09/'09	'10/'09	'11/'09	'12/'09	'13/'09	'14/'09	'15/'09	'16/'09	'17/'09	'18/'09	'19/'09
◆男子校	100.0%	96.0%	93.5%	91.2%	84.0%	82.4%	80.8%	81.1%	78.7%	78.9%	82.7%
■女子校	100.0%	84.6%	82.5%	78.7%	75.3%	72.8%	79.2%	74.4%	72.1%	70.0%	72.7%
▲共学校	100.0%	91.4%	88.4%	82.4%	79.9%	77.6%	78.5%	76.8%	78.4%	80.9%	84.4%
▽合計	100.0%	90.7%	88.1%	83.5%	79.7%	77.5%	79.2%	77.2%	76.9%	77.8%	81.2%

【資料11】附属・進学・半附属別　受験者数増減率の推移

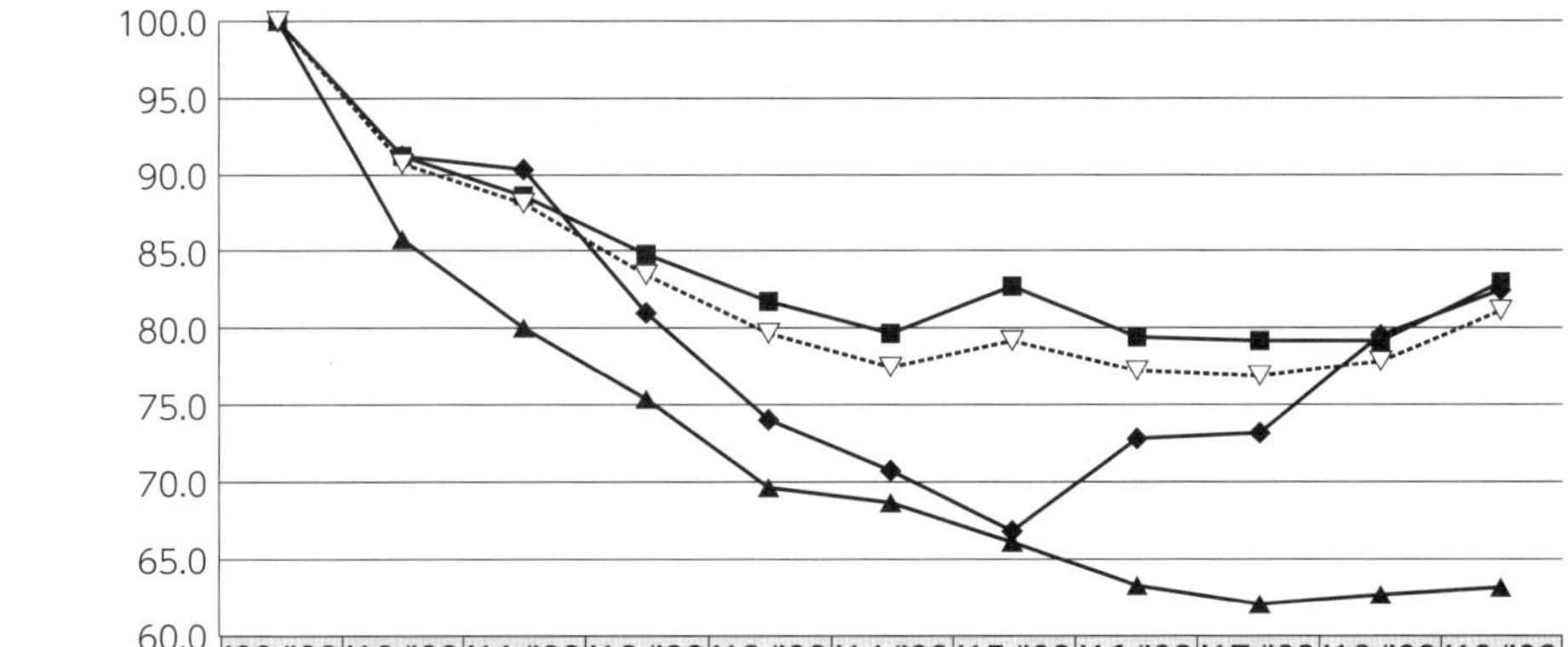

	'09/'09	'10/'09	'11/'09	'12/'09	'13/'09	'14/'09	'15/'09	'16/'09	'17/'09	'18/'09	'19/'09
◆附属校	100.0%	91.2%	90.4%	81.0%	74.0%	70.8%	66.8%	72.8%	73.2%	79.5%	82.5%
■進学校	100.0%	91.2%	88.6%	84.8%	81.8%	79.6%	82.7%	79.5%	79.2%	79.2%	82.9%
▲半附属校	100.0%	85.7%	80.0%	75.3%	69.7%	68.7%	66.1%	63.2%	62.0%	62.7%	63.1%
▽合計	100.0%	90.7%	88.1%	83.5%	79.7%	77.5%	79.2%	77.2%	76.9%	77.8%	81.2%

【資料12】私立・国立・公立　受験者数増減率の推移

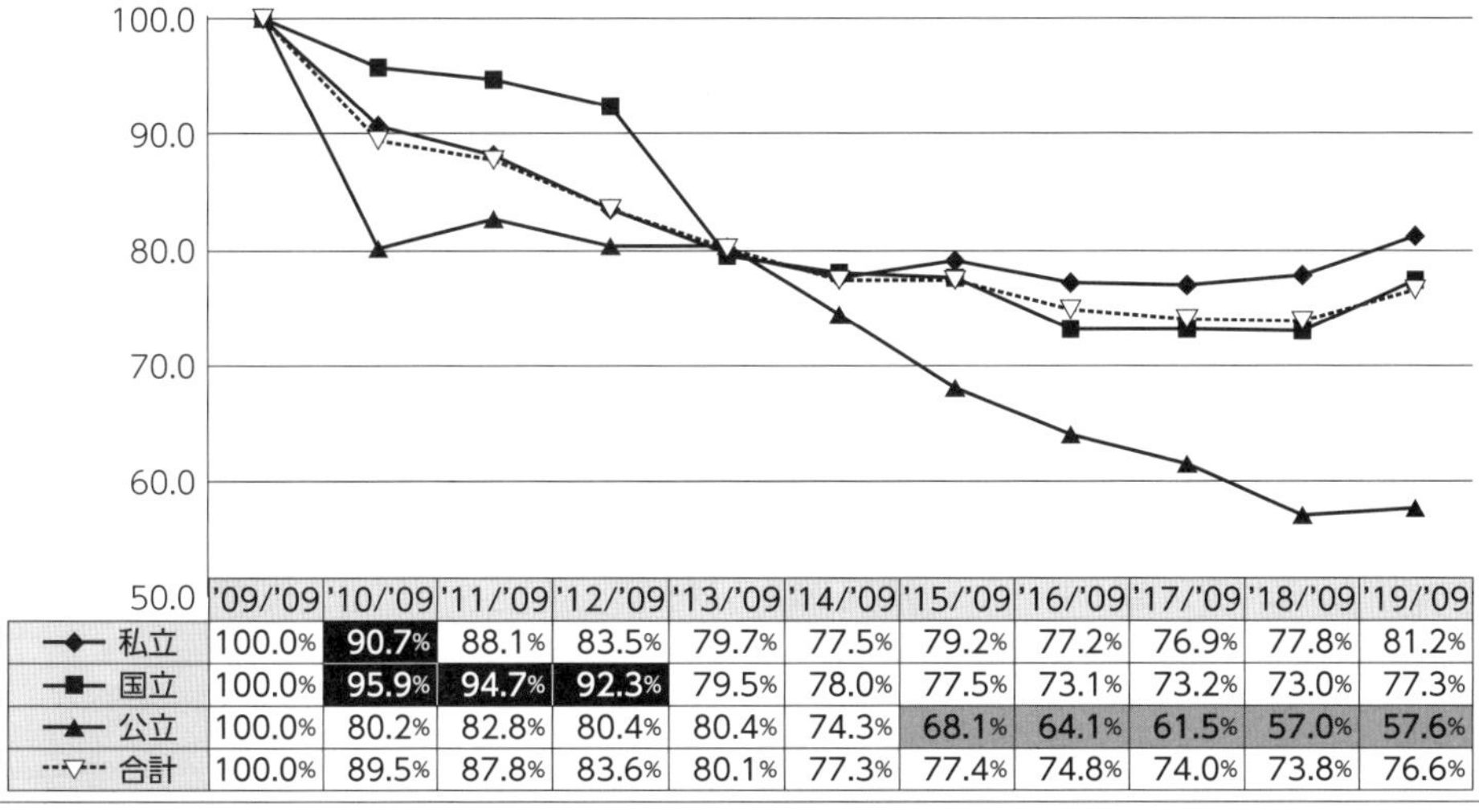

	'09/'09	'10/'09	'11/'09	'12/'09	'13/'09	'14/'09	'15/'09	'16/'09	'17/'09	'18/'09	'19/'09
◆ 私立	100.0%	90.7%	88.1%	83.5%	79.7%	77.5%	79.2%	77.2%	76.9%	77.8%	81.2%
■ 国立	100.0%	95.9%	94.7%	92.3%	79.5%	78.0%	77.5%	73.1%	73.2%	73.0%	77.3%
▲ 公立	100.0%	80.2%	82.8%	80.4%	80.4%	74.3%	68.1%	64.1%	61.5%	57.0%	57.6%
▽ 合計	100.0%	89.5%	87.8%	83.6%	80.1%	77.3%	77.4%	74.8%	74.0%	73.8%	76.6%

●**表示：**
受験者数が比較的多い　：'09を100%とした増減率が90%以上　例：98.6%
受験者数が比較的少ない：'09を100%とした増減率が70%未満　例：68.2%
●**半附属校：**系列校大学推薦進学が30%～69%　進学校：同30%未満　附属校：同70%以上

率が最も少なく、附属校との差は20ポイント弱もありました。しかし、その後の附属校ブームで、２０１８年入試では附属校が進学校よりも勝り、逆転しました。しかし、２０１９年入試では進学校が附属校よりも勝り、再逆転しました。

２０２０年入試は中学受験比率により、受験者数は横ばい～増加となる幅広い予想で、グラフの傾向から附属校よりも進学校の増加率は高く、半附属校は減少すると予想します。

私立・国立・公立

【資料12】を見ると、私立・国立は減少が少なく、公立は減少が大きいことがわかります。２０１３年以降、国立と私立は同じ推移をしていますが、私立の方が国立よりも増減率で勝っています。２０１９年は、私立は国立よりも増減率で勝っていましたが、増加割合は国立の方が私立よりも高かったようです。公立だけが減少しつづけています。２０１８年まで減少傾向がつづいていた公立は、２０１９年入試で減少が止まり、微増傾向となりました。

２０２０年入試は中学受験比率により、受験者数は横ばい～増加となる幅広い予想で、グラフの傾向から私立と国立は増加しても公立は横ばいまたは多少の増加と予想します。

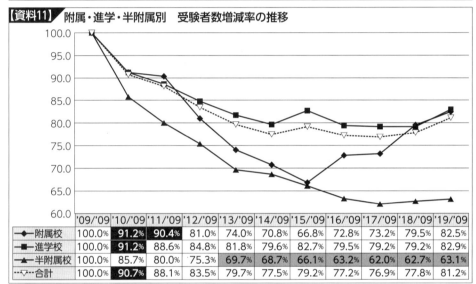

さあ、入試直前期!!

「これは絶対!」な6つのポイント

入試直前期となり、受験生、ご家族ともに、さまざまな思いを抱きながら日々を過ごされていることでしょう。これからの残り時間、「これは絶対!」に意識して過ごしてほしい6つのポイントをお教えします。

ポイントNo.1 成功のカギとなる学校選び

「入学後」をモチベーションに

中学受験の成否を分ける重要なカギのひとつは、まちがいなく受験する学校を適切に選べるかどうか、です。

すでにこれまで、各ご家庭では受験する学校について何度も話をされてきたことでしょう。これからの時期は、たんなる「希望校」から「具体的に受験する学校」、つまり「合格したら入学する学校」を選んでいく時期です。

受験生自身がどうしても入学したい学校がある場合など、すでに第1志望校が決まっているご家庭もあると思いますが、中学受験ではその本命1校だけではなく、併願校も含めて複数校を受験するのが一般的です。そして、併願校についても、よく考えて選ぶことが必要です。

その際に大切なことは、受験生が入学後の自分をイメージできるかどうかです。中高生活をその学校で送るようすを思い浮かべることができれば、それが受験を最後までがんばりぬくモチベーションになります。

そのためにも、各校の説明会などに参加して手に入れた情報を参考にしながら、受験生本人ともよく話しあい、併願校などについても、早めに決定することをおすすめします。

学校選びは多様な観点から

さて、では実際にどのように学校をしぼっていけばいいのでしょうか。

まず確認するべきなのは、入試日程や難易度などです。受験したい学校が複数あっても、試験日が同日では受験できませんし、過去のデータから判断して、現在の受験生本人の学力と大きく差がある学校ばかりを選択するのは適切とはいえません。

とはいえ、いわゆる「偏差値」を気にしすぎるのも考えものです。偏差値は、一定のデータをもとに学校を分析し、数値化したものですから、各校を比較する際には便利に思えます。一方で、偏差値はあくまで入試における難易度を数値で表したものにすぎず、「学校の評価」を数値化したものではありません。ですから、「少しでも偏差値の高い学校を」という基準で選ぶのはよくありません。

あくまで偏差値は判断基準のひとつとしてとらえ、偏差値だけではなく、学校の雰囲気、学校行事や部活動への取り組み方、どのような教育を実際に行っているのかといった観点にも目を向けるようにしてください。そして、お子さんがその学校に向いているかどうか、本人がその学校で学びたいと思えるか、という肝心な点を忘れずに、いろいろな観点から学校を選んでいくことが望ましいです。

大学合格実績の見方にも気をつけて

受験校選びでは、「大学合格実績」も気になりますね。とくに大学附属校ではない進学校では、中高6年間をその学校で過ごしたあと、どのような進路を選ぶことができるのか、が表れている数字でもあるため、重視されるのは当然といえます。ただし、大学合格実績に注目する際に、注意しておきたい点がいくつかあるので、それをお伝えします。

ひとつ目は、現在公開されている実績の数値は、「6年前に入学した生徒の実績」だということです。その間に教育内容が変わっている可能性がありますし、なにより2020年度から大学入試制度が大幅に変わることへの対応策として、いまや多くの学校が中高の段階から教育内容の改革や見直しを進めています。そうした各校の「現在」の教育も考慮したいところです。

ふたつ目は、学校が合格実績を「合格者数」「実進学者数」のどちらで公表しているかです。合格者数は、ひとりで何大学・何学部合格しても、それをすべて数えているため、実際の生徒数よりも多くなるのがふつうです。実進学者数は、ひとり1大学・学部のみですので、合格者数よりも数は少なくなります。そして、1学年の在籍者数も確認してみましょう。定員の少ない小規模校の場合、一見、合格者数や実進学者数自体は少なくても、生徒数に比べた割合は非常に高いということもあります。

3つ目は、「現役進学率」です。文字どおり、浪人せずに大学に進学している割合のことです。現役進学率が低い学校のなかには、現役時に合格した大学があっても、より高い目標を実現するために、翌年、再度難関校にチャレンジする生徒が多い場合もあります。ですから、「現役進学率が高いから教育内容や進路指導がいい」とはかならずしも言えないのです。

また、最近とくに人気が高まっている医学部医学科の合格実績は、内訳も詳しく分析しましょう。国立大学医学部合格者が、私立大学医学部に同時に合格していることも多く、その両者が合格者数としてカウントされていることもあるからです。

進む学校が「第1志望校」

ここまで読んでおわかりのように、中学受験の最も大きなメリットは、

たくさんの選択肢から受験する学校を選びとることができるということにあります。

しかし、中学受験は全員が合格できるわけではありません。なかには、ご家庭で話しあって決めた第1志望校とご縁がない、ということになってしまうこともあるでしょう。たとえば、受験倍率が2倍の学校を受験した場合、単純に考えると受験生の半分は入学できないということになります。

もしそうした状況になり、第1志望校ではなく、合格した併願校へ進学することになったときは、ぜひとも進学する学校が「第1志望」だったと考えるようにしてください。

「受験校」は「合格したら入学する学校」として、さまざまな観点から選んできていることでしょう。そうして選んだ学校は、それぞれに異なった教育方針を持ち、独自の教育活動を展開しており、それが受験生や保護者のみなさんにとって魅力に感じる部分だったと思います。

ですから、併願校として受験した学校に、残念ながら入学することになったとしても、「ここが第1志望だった」と前向きに考えて進学する方が、きっと、その後の中高6年間がより充実したものになることでしょう。

ポイントNo.2 心身の状態管理を欠かさずに

残り日程は前向きにとらえよう

個人差はありますが、いよいよ入試本番、という時期に差しかかると、受験にのぞむという気持ちが現実化してきて、受験生本人は勉強にも前向きな姿勢で取り組むようになってきます。これまでは、保護者のみなさんから見れば、のんびりとした性格でやきもきしてしまう、というようなお子さんであっても、少しずつ受験生としての自覚が芽生えてくるものです。

受験がないにもかかわらず、小学生の間に、こうした積極的な姿勢で勉強に取り組めるお子さんは、一般的にはなかなかいません。その姿勢は勉強だけではなく、生活全般にわたって好影響をもたらし、いろいろなことに前向きに取り組むことにもつながります。

もし中学受験に挑戦しなかったら、そのような姿勢を身につけるのは簡単ではありません。受験という厳しい現実に直面しつつも、貴重な経験ができることが、中学受験にのぞむ大きな利点といえます。

また、この時期になると、進学塾などで「入試まであと○○日」などとカウントダウンが始まります。しかし、焦る必要はないとお子さんには声をかけてあげてください。まだまだ合格のためにできることはたくさんあるからです。焦らずに、「もう○○日しかない」ではなく、「あと○○日もある」とプラス思考でとらえ、やるべきことをしっかりとこなしていくことが大切です。

勉強時間が長ければいいというわけではない

直前期に入り、これまでよりもいっそう勉強に打ちこむ気持ちは痛いほどわかります。その結果、夜遅くまで机に向かう、という受験生も多いことでしょう。とはいえ、この時期に大切なのは学習時間の「長さ」ではなく、学習の「効率」や「密度」なのです。

これからは、「インプット」（新しい知識を獲得すること）よりも、「アウトプット」（すでに学んだことを必要に応じて使っていくこと）に重点をおいて学習した方が、いい結果につながります。かぎりある時間のなかで、効率よく密度の濃い学習を進めることで、入試本番で得点できる力を培っていきましょう。

そして、保護者のみなさんは、お子さんが睡眠をしっかりとっているか、体力的に無理をしていないかということにも、これまで以上に気を配りましょう。

この時期、受験生はどうしても無理をしがちです。その無理がたたって体調を崩し、思うように勉強に取り組めない日々がつづくようであれば本末転倒です。やはり、まだ小学生の受験生本人ではなかなか気づきにくい部分もありますから、保護者側でうまくコントロールして、お子さんの無理のしすぎを防いであげてください。

保護者の役目は受験生を支えつづけること

受験生は、だれもが合格を願って毎日努力を重ねていると思いますが、前述のように合格する人もいれば、それがかなわなかった、という人もいるのが受験の厳しいところです。そんな現実を前に、合格できるかどうか不安にかられてしまうのは、受験生なら当たり前のことです。

そして、そのネガティブな気持ちは、本番が近づけば近づくほど、プレッシャーとなって受験生にのしかかってきます。

受験勉強には、「これだけやれば大丈夫」という基準はありません。むしろまじめに取り組めば取り組むほど、不安やプレッシャーが大きくなる、そういうものでもあります。

保護者のみなさんは、まだ小学6年生のお子さんがそうした重圧に耐えているのを近くでご覧になっているわけで、ときにいたたまれない気持ちになることでしょう。

しかし、そんなときこそ保護者の出番です。受験生だけが不安になっているわけではないことを伝え、「まじめに勉強してきたからこそ心配になるのだ」と励まし、受験生の支えになってあげてください。逃げることなくプレッシャーに真正面から向き合うことができれば、それを学力を伸ばす力に変えていくことができます。

日々の体調管理に加え歯の状態にも留意

入試直前期は寒さの厳しい冬ということもあり、風邪《かぜ》やインフルエンザに感染しやすい時期でもあります。受験生の健康に留意するのはもちろんですが、ご家族自身も体調管理をしっかりして、健康維持に努めましょう。家族が感染することで、受験生にもそれがおよばないようにするためです。

風邪の予防対策として、帰宅時の手洗い、うがいを受験生のみならず家族全員が習慣づけておくといいでしょう。そして、インフルエンザの予防が第一。インフルエンザの予防接種は、家族全員が受けておくようにしましょう（病気の予防については68ページからのコーナーも参照してください）。

また、見落としがちなのが「歯」の健康状態です。とくに虫歯は自然治癒することはありえません。入試直前に虫歯が痛みだせば、大きな負担になってしまいます。現時点でとくに異常がないようでも、なるべく早めに歯科医院を訪れ、一度検診を受けておくと安心です。

もしそこで虫歯が見つかって治療を進めることになった場合は、あらかじめ入試日程を先生に伝え、適切な治療をお願いしましょう。

日程管理に便利な「合格カレンダー」

中学受験は併願校を含めて、平均的に2~5回、受験をすることになります。そして、それぞれの入試は、出願日、出願方法が異なります。

受験する学校が多ければ多いほど、受験期はスケジュールが重なり、複雑になることが想定されます。そのため、そうした諸々の日程をまとめた一覧表を作成しておくと便利です。

ここでは、この一覧表を「合格カレンダー」とします。

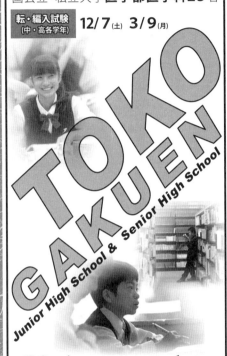

そして、当日のつきそいはどうするかということや、合格発表日や入学手続き締め切り日など、細かなことも書きこんでおき、家族全員で日程を共有しておくと、土壇場での混乱を避けることができます（「合格カレンダー」については、83ページから詳しく説明しています）。

ポイントNo.3 有効活用したい「入試問題解説会」

うかがい知れる先生がたの雰囲気

近年は、12月から1月にかけての直前期に「入試問題解説会」（学校により名称が異なることも）を実施する学校が増えてきました。

「入試問題解説会」では、各校の先生がたが、自校の前年度の入試問題を使って、出題のポイントや注意事項など、受験の参考となる内容を具体的に解説してくれる、大変貴重な機会です。

保護者向けの説明会と並行して、受験生向けに、実際の入試と同じ教室、同じ制限時間内で問題を解く、入試体験を実施する学校もあります。受験校での本番さながらの入試体験は、これまで受けてきた模擬試験とはひと味ちがった臨場感を味わうことができ、入試のシミュレーションとして効果的といえます。

また、問題を解いたあとに、学校の先生から詳しい解説があるのもうれしいポイントです。その問題の出題意図や受験生がまちがいやすい失点部分、部分点がどのように与えられるかなどの解説に加え、ミスを防ぐ方法や、記述式解答における解答方法、答案作成時の参考となるアドバイスが受けられます。その際、だいたいの合格基準についても説明があるため、実際の合格レベルを知ることもできます。

そしてもうひとつ。こうした解説授業をとおして、入学したらどんな先生が、どんなようすで教えてくれるのかを実際に体験できる機会にもなります。入試問題解説会での経験がいいモチベーションとなり、「合格したい！」という気持ちが高まって、勉強にもそれまで以上に力が入るようになったという受験生も実際にいます。

メリットはそれだけではない

入試問題解説会に参加するメリットはほかにもあります。

大きいのは、入試会場でもある学校への交通手段・所要時間を最終確認できる点です。解説会の日に、最寄り駅からの道筋も含めて再確認しておけば、当日も落ちついて会場に向かうことができるでしょう。

なお、寮を完備している学校や、受験生が多く集まる学校などは、学校の校舎以外の施設（別会場）で入試を実施することもあります。別会場では、試験中に保護者が待機する場所に入りきらなかったり、そもそも待機場所が用意されていないということもあります。下見をつうじて、会場付近で待機できる場所を探しておくと安心でしょう。

このように、入試問題解説会への参加には、さまざまな利点があります。なにかと忙しい時期ではありますが、もし受験を考えている学校で開催されるようなら、時間をうまくやりくりして、ぜひ参加してみてください。

とくに、まだ志望校をしぼりこめずに迷っているご家庭があれば、これを学校訪問ができる貴重な機会ととらえて、有効活用していただきたいと思います。多くの場合、受験生が問題を解いたり、解説授業を受けたりしている間を利用して、保護者向けに学校説明がなされます。それまでじゅうぶんに情報収集できていなかった場合は、そこで知ることができる内容を志望校選択の判断材料にもできます。

ポイントNo.4 焦り、あわてての出願はミスのもと

落ちついてチェックしたい入学手続きの方法

受験すると決めた学校への出願準備をする前に、よく確認しておきたいのが各校の入学手続きです。なかには合格発表当日、もしくは翌日までに指定の費用を納入し、手続きをすませなければならない場合もあります。

まず、費用納入は、現金で学校窓口に納入するのか、銀行振り込み指

定であるかを事前にきちんと確かめます。そのうえで、振り込み指定ならば、学校近くに金融機関があるかどうか、コンビニエンスストアなどでATMが利用できるか、それは振り込み機能もついたATMか（預金引き出しのみの機能で振り込みできない場合もあります）、振り込み限度額はいくらか、などを確認しておきましょう。知っているつもりが、大きな金額になった場合は勝手がちがった、ということもありえるからです。

複数校を受験する場合、合格発表の日程が、重複したり近かったりすると、そのときになってあわててしまいがちです。前述の「合格カレンダー」などで、きちんと整理しておきましょう。

願書については早め早めの行動を

本番が近くなればなるほど、願書を手に入れるために動く時間を捻出するのが簡単ではなくなりますし、期限ぎりぎりに出願しようとすると、焦りから思わぬミスをしてしまう原因ともなりかねません。

そのため、受験の可能性がある学校の入学願書は、早め早めに行動して、手に入れておくことをおすすめします。学校説明会や各種学校行事の際にもらっておくと手間が省けます。

ただし、早い時期（春、夏など）の説明会では、まだ新年度の願書が完成しておらず、前年度のものを参考として配布している場合があるので、お手元にある願書の年度には注意してください。誤って前年度の願書を使用してしまい、出願時に窓口で書きなおしたという人もいます。記入する前には、当該受験年度の願書であるか、かならず確認するようにしましょう。

また、願書に記載されている年度表記も学校によって異なることもありますから、気をつけたいものです。各校のホームページでは願書の配付方法について掲載していますので、それらも参照してください。

願書を記入する際に気をつけたいこと

1月中旬から入試がスタートする学校を受験する場合、年末はとくにあわただしくなることが予想されますから、それより前に願書の記入を終えておきたいものです。それ以降の入試でも、遅くとも出願の1～2週間前には記入を終えておくことが望ましいでしょう。

そして、コンビニ、家庭用プリンターなどで、記入後のコピーをできるだけとっておいてください。他校の願書でも、すでに記入ずみのものがあれば、つぎに記入するときに参考になります。

なお、中学受験の願書は保護者が記入することを前提につくられていて、実際ほとんどの場合、保護者が記入しています。文字の巧拙を気にされるかたがいますが、合否にはまったく関係ありません。正確かつていねいに記入すれば大丈夫ですので安心してください。

そのほか、願書作成の際に必要なもので、忘れがちなのが受験生の顔写真です。多くの場合、願書に貼付する必要があり、前もって用意しておかなければなりません。各校とも求められる写真のサイズはほぼ同じですから、受験校より少し多い枚数を用意しておくといいでしょう。試験中の本人確認は願書写真が使われますので、ふだんメガネをかけているならメガネを着用して写真をとりましょう。

もし、在籍小学校からの調査書が必要な場合は、担任の先生に調査書の発行をお願いしなければなりません。学年末は卒業を控えてなにかと多忙な時期ですから、日程にゆとりをもって、早めにお願いすることを心がけましょう。

さらに、健康診断書など、願書以外になにが必要かも確認しておきます。小学校の通知表のコピーの添付が必要な学校もあります。2学期末に通知表をもらってきたら、すぐにコピーしておきましょう。

インターネット出願時の注意点とは

ここまで紙の願書出願時の注意点をお伝えしてきましたが、現在、インターネットでの出願を導入し、さらには出願がそれ一本、という学校が増えてきています。

インターネットならば、入試前日の夜まで出願が可能になります。ぎりぎりまで出願を検討したり、急遽出願校を変更したりできるわけですから、とても便利に思えます。実際に、申し込みの時間を調べると、夜中や期限ぎりぎりがいくつも見られる、と話す学校の先生もいます。

しかし、ルーターが急に故障してしまった、インターネットに接続できなくなったなど、予期せぬトラブルに見舞われることも考えられます。

出願時にご家庭のパソコンやインターネットの接続環境に問題が生じてしまったときにどうするか、あらかじめ考えておけば、そうした不測の事態に陥っても落ちついて対応できます。

とくに入試前夜に出願するときは、時間的にあとがありませんので、代替手段を考えておきたいものです。

また、インターネット出願では受験料の払い込みがクレジットカード決済になることが多いので、使用可能なクレジットカードを保有しているかも、事前に確認しておいてください。

出願書類の管理には細心の注意を

ここまでご紹介してきたポイントをふまえて用意した出願書類は、外から見て内容がすぐわかるように、学校ごとにクリアファイルなどに収納して、あらかじめ決めた保管場所へ置いておきます。そうすることで、確認したいことがある場合や、急に必要になった場合、すぐに手に取ることができます。

出願書類は、見た目も似ていることが多いですから、保管には細心の注意をはらいたいところです。書類同様、出願後に発行された受験票も、学校ごとに分けて決めた場所に保管しておけば、入試当日の朝、受験票を探し回るようなトラブルが起こることなく試験にのぞめるでしょう。

受験校へのアクセスが、乗り換えが多かったりと複雑な場合は、事前にインターネットで検索した経路をプリントアウトして前述のクリアファイルに入れておき、それを入試当日に持参するようにすれば、迷わずにすみます。

願書記入については、50ページから詳しく説明していますので、参照してください。

ポイント No.5 コンディションの調整が力をだしきれるかにつながる

朝型への移行は少しずつ行う

いまや午後入試を行う学校が多くあるものの、やはり主流は午前中の入試です。起床後、脳はすぐに完全に機能するわけではありませんから、少なくとも、試験開始時刻には脳がしっかりと働いてくれるように、本番までに生活パターンを「朝型」にしておきたいものです。

とはいっても、人間の身体は、新しい環境や生活パターンにすぐに適応できない面があります。しかも、とくに熱心なお子さんは、前述したように、生活パターンが夜遅くまで勉強をがんばる「夜型」になっているのではないでしょうか。ですから、夜型から朝型への移行は、できれば1カ月ほどの時間をかけて、徐々に行っていきましょう。

早い時間に起床することが目的で

はなく、身体と脳を朝から目覚めさせることが目的ですから、無理をする必要はありません。脳が目覚めたことを実感できるように、起きたらまずはカーテンを開けて朝日を浴びたり、窓を開けて、空気を入れ替えたりするのもいいでしょう。

そして、これもありがちですが、「夜型」から「朝型」へ移行するために、睡眠時間を削ることは厳禁です。しっかりと睡眠をとらなければ、起床後も眠気が残り、逆効果になってしまいます。受験生は育ちざかりですから、睡眠時間の確保は大切なことです。

ではどう「朝型」へ移行していくのがいいのでしょうか。それは、やはり就寝時間を徐々に早めていくことです。早く就寝すると、夜の勉強時間が短くなってしまうため、心配になるかたもいるかもしれませんが、学習量という意味では、受験生のみなさんはこれまで、すでにたくさん勉強してきているはずです。

この時期は、勉強時間や学習量よりも、コンディションを重要視する時期です。入試本番に自分の力をだしきるためにも、「朝型」への移行をうまく行い、心身のコンディションをきちんと整えましょう。

また、「朝型」の生活スタイルが定着してきたら、そこから頭を働かせる習慣も身につけたいところです。

内容は、漢字の練習や計算問題、前夜に学習した社会や理科の暗記事項の復習など、短時間でできる取り組みやすいものでかまいませんから、徐々に脳を慣らしていきましょう。

受験生を家族みんなで支えよう

【ポイント2】でも述べましたが、受験に不安はつきもの。避けてとおれません。試験が近づくにつれて大きくなり、これまでにない不安を覚える受験生もいることでしょう。ですが、そうした不安を感じるのも、これまでがんばってきたからこそだということを、ご家族のみなさんも理解してあげてください。

お子さんはまだ小学6年生。合格か不合格か、というシビアな結果をともなう入試に挑戦するのですから、ふだんの生活においては、今後、少しのことにも過度に反応してしまう場面がでてくるかもしれません。

それでも、こうした経験から、ひとまわりも、ふたまわりも成長していくことができるのが、中学受験の持つ大きな教育効果です。受験生本人が最後まで走りぬけるように、ご家族のみなさんには、受験生の心理を理解しつつ、心のケアやサポートをお願いしたいと思います。

短時間でもいいのでだんらんの時間をつくったり、なるべく家族がそろって食事をしたり…。全員で受験生を支えるという意識が共有されていることが、直前期を過ごすうえで大切になってきます。それがいい結果にもつながることでしょう。

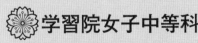

なかには仕事が忙しく、そうした時間をとるのがむずかしいかたもいると思います。そのなかで少しでも、受験をサポートする姿をお子さんに見せることが、彼ら、彼女らにとっ

て大きな励ましとなります。

たとえば、学校の下見、交通手段の検索・検討、日程表（合格カレンダー）の作成、出願や合格発表の方法の確認、パソコンを活用しての情報収集など、それぞれが得意な分野で受験生を支えてあげてください。

そうしたご家族の姿を見たお子さんは、「家族みんなの応援がある」と感じ、最後までがんばる力がわいてくることでしょう。

このように、家族全員がひとつになって受験生を支える中学受験は、じつは、受験生以外の家族のみなさんにとっても一体感を感じられるいい機会です。とくに、受験生に弟さんや妹さんがいるご家庭の場合は、そのお子さんたちにとっても、貴重な経験になるはずです。結果が気になるのは仕方ありませんが、それよりも大切なものがあると考え、ぜひ家族みんなで取り組んでください。

ポイント No.6 中学受験で大事なのは結果よりも…

気負わずに受験生を送りだしてあげたい

さて、本番前日です。とくに最初の受験校入試日の前日は、お子さんもかなりのプレッシャーや緊張感から、平常心を保つのもむずかしいことでしょう。そんなときこそ、ふだんと同じように生活することが大切になります。わざわざ学校を休むのはあまり得策とはいえません。

塾に通っている場合、授業はなくても、塾の先生に会いに行きたいというお子さんもいることでしょう。それまでお世話になった先生の顔を見ると落ちつくでしょうし、先生からのアドバイスや激励が心の安定につながることもあります。お子さんが望む場合には、塾に行くのも精神安定剤として有効だと思います。

そして、翌日の持ちものを確認したら、早めに就寝しましょう。気持ちが高ぶり、寝つきが悪いこともあるかもしれませんが、おとなしく布団に入っていれば、そのうちに眠れますから安心してください。

時間にゆとりをもった行動を

いよいよ入試本番がやってきました。かならず時間にゆとりをもって家をでてください。とくにこの時期は、雪の影響で交通機関に影響がでるおそれがありますから、運行状況には気を配る必要があります。

もし、公共交通機関が止まってしまった場合は、入試開始時刻が変更されます。公共交通機関を利用していれば、遅延や運休などの情報も駅や車内で入手することができます。このような事態に遭遇することも考えられるので、入試会場へはできるだけ保護者がつきそうことで、さまざまなトラブルに対応できます。

そして、お子さんがこれまで努力の成果を１００％発揮できるよう、明るく送りだしてあげましょう。

どんな結果でも笑顔で迎えてあげて

合格発表については、近年、インターネットで行われることも一般的になりました。

インターネットでの合否発表は、受験した当日に合否が判明するので便利ですし、学校まで行かなくても合否を確認できるため、万が一思いどおりの結果になっていなくても、翌日以降の入試に頭を切り替えやすいという利点もあります。もし、うまくいかなかった場合には、あまり引きずらず、つぎを見るように声かけをしてあげてください。

そして、保護者のみなさんには、たとえどんな結果だっとしても、お子さんが全力を尽くしたことを評価してあげてほしいと思います。結果はどうであれ、受験までの努力の積み重ねは確かなものですし、その努力はけっしてムダなものでもありません。

冒頭でもお伝えしたように、残念ながら第1志望校とは縁がなくても、ほかに合格校があるなら、その学校が「第1志望校」だと考えるようにしましょう。「中学受験は結果より過程が大切である」と言われます。そこまでの過程で多くの努力を重ね、これから新しい一歩をふみだすことに意味があるのです。

なお、塾の先生がたは、みなさんの合否結果を気をもみながら待っています。結果のよしあしにかかわらず、塾への連絡も忘れずに行いましょう。

これまでに述べてきた6つのポイントを参考にしながら、お子さんの最後のがんばりを家族全員で、全力で支えてあげてください。健闘をお祈りしています。

まだまだできることがある

直前期 勉強の手引き

入試本番が近づいてくると、あれもこれもやらなければと気持ちが焦るものです。そこで、これから本番までどのように勉強を進めていくか、そのポイントをお伝えします。

残り時間を「見える化」スキマ時間も有効に

「直前期」や「ラストスパート」という言葉を聞く機会が増えてきたこの時期、そのことに焦りを感じるかたも多いのではないでしょうか。それは受験生であれば当然です。

そこで大切なのは、本番までにどれくらいの時間が残っているのかを、スケジュール帳やカレンダーを使って「見える化」することです。

ここでは1週間型のスケジュール帳を活用した方法を紹介します。

まず「睡眠」「学校」「食事」など、かならず必要で、勉強に使えない時間をグレーなどで消し、そのほか塾の授業など、いまの時点で決まっている予定を書きこみます。すると、なにも書かれていない部分がでてくるので、そこを好きな色で塗っておけば、使える時間がひと目でわかるようになります。

たとえ短い時間であっても、積み重ねると着実に身になっていきますので、学校から帰ってきて塾に行くまで、夕食を食べてからお風呂に入るまでなど、スキマ時間も有効に使うようにしましょう。

漠然と「あと○○日」とするよりも、持ち時間を「見える化」することで計画を立てやすくなります。

よくばらずにやることを取捨選択

この時期は、やるべきことを取捨選択する時期です。そこで注意してほしいのが、直前期だからといって特別な勉強を始める必要はないということです。そして時間をかけすぎるのもよくありません。

これまでの模試や現在取り組んでいるであろう過去問の結果をみると、どうしても苦手分野に目がいってしまい、「あれもこれもやらなければ」と思うかもしれませんが、よくばらずに「あれはもうやらない」「これは解き直す」と決断することが大切です。

気持ちが焦り、やったつもりで終わるような雑な勉強になってしまっては元も子もありません。ただなんとなくテキストや参考書を眺めるのではなく、しっかりと手を動かしたり、声をだしたりしながら進めていきましょう。「あとで復習しよう」と思っていても、その「あと」の時間を確保するのはむずかしい時期になっています。「これが最後の機会」という気持ちを持ちましょう。

朝イチの勉強を習慣化しよう

みなさんのなかに、とくになにもしないまま、気づくと一日が終わっていた、という経験をしたことがある人はいませんか。それは「なにをすればいいか考えているうちに時間が経っていた」「気持ちが乗らないまままなんとなく机に向かっていた」などが原因として考えられます。

直前期で時間が貴重ないま、こうしたことは避けたいものです。そこでおすすめしたいのが、一日の勉強をスタートする時間と、内容をある程度固定することです。ポイントは、①得意教科、②単純なもの、③短時間（15分〜20分程度）、④手作業をともなう学習の4つです。国語が好きなのであれば、漢字などの知識問題、算数が得意なのであれば、計算問題や1行問題、社会や理科の場合は、写真を見て名称を答えるような一問一答などがいいでしょう。

こうした取り組みは、つづけているうちに習慣となり、毎朝歯を磨かないと気持ち悪いのと同じで、やらないと「朝起きて計算問題を解かないと、なんだかすっきりしない」と感じてくるものです。取り組みやすい勉強からスタートすることで脳を活性化させ、なにもしないまま終わることを防ぎましょう。

さて、ここまでのポイントをふまえ、つぎに、教科ごとの学習について見ていきます。

国語

全体像を把握する

論説文、物語文ともに、全体像をとらえることが重要です。

そのうえで、論説文は、結論を導きだすまでの流れに注意します。

登場人物（とくに主人公）の心情の変化が描かれている物語文においては、だれをめぐって、なにが起こり、登場人物（主人公）の気持ちがどのように変化したのかを書きだしておくと、内容が整理され問題が解きやすくなります。

これらの方法を習慣づけておきましょう。

ひと手間をかけた暗記を

漢字や語句の問題は暗記ものではありますが、丸暗記するのではなく、ひと工夫してみることをおすすめします。

漢字や語句、そして、慣用句やことわざにおいても、ただ何回か書いて復習するのでは、意味がわからず言葉として使えないままです。

意味をきちんと調べ、その言葉を使った例文をつくる、具体例をあげる、ひと言にまとめるなど、ひと手間かけた復習をして、「使える」言葉にしておきましょう。そうすると記述力もあがるので一石二鳥です。

学んだことを使えるか確認

前述したように、この時期から新しいことを始めようとするのはおすすめしません。大切なのは、自分がこれまで学んできた内容が、きちんと使えるようになっているかどうかを確認することです。

逆説の接続詞のあとにくる主張を読み取れているかどうか、「つまり」「要するに」のうしろにつづく、さきに述べたことを抽象化した内容を把握できているかどうかなど、授業で習った内容を確実に理解できているか確かめましょう。

その際、頭のなかだけでなく、考えの過程を書きだしながら確認すると効果的です。

算数

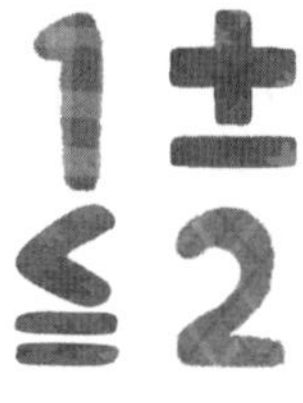

ミスを減らすために

算数におけるミスの代表例は、問題文の読みちがいと計算まちがいです。そうしたミスを減らす努力をするかしないかでは大ちがいです。

問題文の読みちがいに対しては、「細切れに読む」ことが効果的です。「音読」も効果がありますので、家で取り組む際は、音読しながら細かく区切って読むといいでしょう。

そして、読み取った内容を確認し、ときには図や表に書きだしながら情報を整理します。塾の先生に隣でチェックしてもらいながら行えると理想的ですが、むずかしい場合は、保護者のかたがチェックしてあげてください。まちがいを見つけた場合は、ちがっているポイントをそっとしめす程度にとどめ、感情的に指摘することのないようにしましょう。

計算まちがいについては、途中式の書き方に注意を向けてください。もし、余白にばらばらに書いてしまっているようであれば、縦に整理して書くと、ミスを減らせるはずです。

取れるものを確実に取る

合格に満点は必要ないとわかってはいても、過去問などを解いていると、どうしても解けないところばかりに目がいってしまいがちです。

しかし、それでは自信をなくしてしまうことにもなりかねません。冬休み以降は「取れるものを確実に取れればそれでいい」というくらいのおおらかな気持ちでいましょう。

たとえば、空間図形（とくに切断や回転）・規則性などの分野では、現時点で苦戦している場合、本番までに克服できない可能性もあります。解けないようであれば、そこに時間と労力をつぎこむのではなく、思いきってそれらを捨て、自分の得意な問題に力を入れて、確実に点数を重ねられるようにしましょう。

社会

つながりを意識する

覚えていれば解答できる単純な知識問題がある一方で、さまざまなことがらのつながりを理解していないと解けない問題があるのが社会です。できごとや制度、人物名などを暗記するために、一問一答の問題ばかりに取り組んでいると、つながりを理解できず、そうした問題でつまずいてしまう可能性もあります。

そこで知識をまとまりとして覚えるおすすめの方法を紹介します。

地理分野であれば、地形や気候と産業や暮らしのつながりを白地図にまとめる、歴史分野は時代背景・原因→きっかけ→できごと→影響、という流れをストーリーとしてまとめる、公民分野は、制度、仕組みと日常生活、時事的ことがらを結びつけるといった方法がありますので、試してみてください。

記述問題への対策

最近は、社会でも記述問題が増えています。問題文をていねいに読み、問われているのは、理由なのか、影響なのか、関係なのか、最終的になにを答えるのかを正しく把握しましょう。解答は、かならず読み返し、主述の関係に誤りがないかなど、日本語として正しいかも確認します。

そして、その対策として肝心なのは、無理して解答を長く書こうとしない、ということです。途中までは正解だったのに、長く書いたばかりに誤った内容をつけ足してしまったという事態は避けたいものです。

社会では時事問題に関する出題もあるので、今年話題になったニュースについて、背景、影響などを短い文章にまとめる練習をしておきましょう。新天皇が即位され、元号がかわったこと、10月に行われた消費税増税、吉野彰氏のノーベル賞受賞、相次ぐ台風など、ニュースとつながりを持つキーワードがあげられるだけでも大きな力となるでしょう。

さらに、地名がでてきたら、地図で場所を確認する、意味のわからない用語は調べておく、ということも習慣にしておくといいですね。

理科

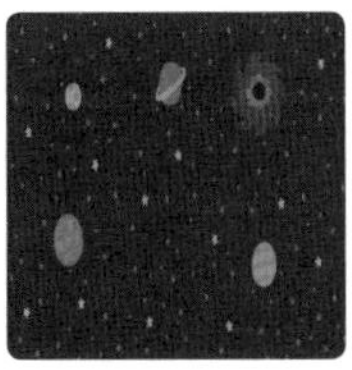

苦手分野は基本に戻る

多くの学校で、理科は、物理・化学・生物・地学から幅広く出題されます。そのため、手も足もでないような苦手分野があると、それ以外の分野でカバーするのはむずかしいかもしれません。

もし、とても苦手な分野があるのであれば、もう一度基本的な知識を確実に身につけ、少しでも得点できるようにしたいものです。しかし、そうした場合でも、あれもこれもとよくばるのではなく、大切なのは、きちんと理解している知識を増やしていくことです。

記憶に頼らず確実に

実験問題においては、受験勉強を進めていくなかで、同じようなものに何度もであったのではないでしょうか。見たことがあるものだと、つい油断することもあるかもしれませんが、以前の記憶に頼るのではなく、実験の内容、意味についての理解を深め、知識を確実に定着させることを意識してください。

逆に、生物の名前など、この時期に初めて見ることがらや、イチから覚えないといけないものはいまから覚えなくてもいいかもしれません。

時事問題における対策は、社会同様、できごとだけではなく、関係することがらといっしょに学ぶことをおすすめします。自然災害や天体などにかかわるニュースをチェックしておきましょう。

Kamakura Gakuen Junior & Senior High School

鎌倉学園 中学校 高等学校

最高の自然・文化環境の中で真の「文武両道」を目指します。

https://www.kamagaku.ac.jp/

2019 2020

【中学校説明会】

11月9日(土)13:00～・11月26日(火)10:00～

ホームページ学校説明会申込フォームから予約の上、ご来校ください。
※各説明会の内容はすべて同じです。(予約は各実施日の1か月前より)

【中学入試にむけて】

12月14日(土)10:00～11:30

2020年度本校を志望する保護者対象(予約は1か月前より)

〒247-0062 神奈川県鎌倉市山ノ内110番地 TEL.0467-22-0994 FAX.0467-24-4352　JR横須賀線　北鎌倉駅より徒歩約13分

チャレンジ!! 適性検査

公立中高一貫校 受検直前対策

適性検査にも各校の独自色

公立中高一貫校の適性検査は、けっして易しいものではありません。おとなでも面食らう角度からの出題がなされ、受検生を悩ませます。しかし、ここまでがんばってきたみなさんは、そんな問題にも果敢にチャレンジできることでしょう。そんな適性検査の日が近づけば近づくほど、ご家族みんながにっこり笑って「大丈夫!」と言える余裕を持つことが大切です。ここでは適性検査の日までの過ごし方を中心に考えてみます。

各校とも独自の適性検査で ふさわしい生徒を集めたい

東京、神奈川、千葉、埼玉のいわゆる首都圏には、公立の中高一貫校が増えつづけ、この春、さいたま市に開校した**市立大宮国際**で22校目となりました。

このほか、茨城では来春、一気に5校の公立中高一貫校が誕生します。茨城にはこれまでは**県立並木**など3校が開校していましたが「5校同時」には驚かされます。さらに茨城には、再来年度から2年間で5校が追加されます。これまで首都圏で最も多かった東京（**千代田区立九段**を含めて11校）をしのぐ学校数となります。

茨城には、それだけのニーズがあるのでしょう。

これだけ増えてくると、各校とも独自色をだすのが大変です。

冒頭であげた大宮国際は、適性検査でも英語の問いかけがあるなど、かなり個性的でした。首都圏で「国際」を打ちだしたのは、**東京都立立川国際**につぐものでしたが、グローバル志向は出色です。

あとで触れますが、東京都立の10校のなかでも、独自問題を出題できる「適性検査Ⅲ」を用意する学校が6校になりました。「自らの学校にふさわしい生徒がほしい」という学校の思いが伝わってきます。

取り組みたい ふたつのポイント

公立中高一貫校の受検が迫ってきたいま、保護者のみなさんはどんなことに気をつけて「直前期」を過ごしたらいいのでしょうか。

保護者が取り組まねばならないこと、それは大きく分けてふたつあります。

ひとつは受検生によりそってサポートすること。過去問のデキの精査といった学習面の総まとめや体調管理などです。

そして、もうひとつは入学願書提出の準備です。顔写真は撮影期間が決められていることがほとんどです。指定期間に注意しながら、日程に余裕があるうちにすませましょう。

学習面の注意事項

【適性検査対策】

受検校の検査の傾向を 知ることが最大の攻略法

適性検査に対する準備として、この時期に入ったら、勉強の中心は「過去問攻略」となります。

同じ公立中高一貫校といっても、さきほど述べたように、その適性検査問題には各校それぞれに特徴があります。

いまでも志望校にまだ迷いがあるご家庭もあるかもしれません。しかし、過去問に取り組む時期がきています。

有効に過去問に取り組むためにも志望校をしぼりこんでください。

各校における過去の適性検査問題は、それぞれのホームページ（HP）で公表されていますので、まずはダウンロードしてみましょう。

千葉県立、稲毛市立の3校については、過去の適性検査は学校HPには掲載されていませんので、進学塾に相談してみましょう。

また、作文の課題文が著作権問題をクリアするために隠されている場合があります。これも進学塾に相談して、実際にはどんな文章が掲載されていたのかを知っておきましょう。

東京都立の10校では、2015年度から、共同作成問題（同10校代表教諭作成による）を柱として、一定の割合で各校の独自問題が含まれる形式となりました。

各校の独自問題については、これまでの各校の過去問が参考になります。共同作成問題も数年分を見ることができます。

左上の**【表1】**は、各校が10月までに公表した2020年度生徒募集要項から、独自問題の出題についての言及を一覧にしたものです。

表では共同作成問題を「共通問題」と略しました。

【表1】2020年度入試　都立中高一貫校独自問題出題状況

学校名	出題状況
桜修館中等教育	適性検査Ⅰ：独自問題 適性検査Ⅱ：［1］のみ独自問題、［2］［3］は共通問題
大泉高校附属	適性検査Ⅰ：共通問題 適性検査Ⅱ：３題とも共通問題 適性検査Ⅲ：独自問題
小石川中等教育	適性検査Ⅰ：共通問題 適性検査Ⅱ：［2］のみ独自問題 適性検査Ⅲ：独自問題
立川国際中等教育	適性検査Ⅰ：独自問題 適性検査Ⅱ：３題とも共通問題
白鷗高校附属	適性検査Ⅰ：独自問題 適性検査Ⅱ：３題とも共通問題 適性検査Ⅲ：独自問題（30分）
富士高校附属	適性検査Ⅰ：共通問題 適性検査Ⅱ：３題とも共通問題 適性検査Ⅲ：独自問題（30分）
三鷹中等教育	適性検査Ⅰ：独自問題 適性検査Ⅱ：［1］のみ独自問題、［2］［3］は共通問題
南多摩中等教育	適性検査Ⅰ：独自問題 適性検査Ⅱ：３題とも共通問題
武蔵高校附属	適性検査Ⅰ：共通問題 適性検査Ⅱ：［2］のみ独自問題 適性検査Ⅲ：独自問題
両国高校附属	適性検査Ⅰ：共通問題 適性検査Ⅱ：３題とも共通問題 適性検査Ⅲ：独自問題（30分）

この表は都立の中高一貫校各校が、どの問題に独自問題を課すのかをしめしたものになりますが、いずれも2019年度と同じでした。

独自問題には、その学校ごとの特徴がでますので、この表を確認したあと、それぞれの学校の過去問に取り組んでください。

すでに触れていますが、最も特徴的な出題となる適性検査Ⅲ（独自問題）を課す学校は表のとおりで、10校のうち6校です。これは昨年と同じでした。

東京都の適性検査は、どの問題も試験時間45分で解くのを原則としていますが、適性検査Ⅲだけは30分の学校があります。

直前学習のヒント

漢字の読み書き

入試が近づいても、毎日取り組んでほしいのが漢字の読み書きです。朝、起きて脳が目覚める手助けをするつもりで、短い時間でもいいので、繰り返し意味を考えながら読み、筆順を確認しながら書く練習をしましょう。

書くときは、ていねいに書きましょう。作文での誤字はマイナスとなります。

漢字は、私立中学校の入試のようにむずかしいものは出題されません。でてくるのは「小学校配当漢字」だけです。

ただ、公立中高一貫校の適性検査では、漢字を読んだり書いたりできるだけでは不足です。

その漢字の持つ意味からくる熟語がイメージできてほしいのです。「中」は大中小の意味だけでなく、「中毒」の「中」には「あたる」の意味があり、「的中」の「中」と同じ意味です。「外」には「はずれる」の意もありますね。

また、漢字から地名や歴史的な人物、事件も浮かんでほしいのです。その意味でも受検校近隣の地名は把握しておきましょう。

【表1】で、試験時間が（30分）と記されている3校がそうです。

さて過去問は、ダウンロードして印刷、それをお子さんに手渡して終わりではなく保護者がまずよく見て、検討、分析しましょう。

公立中高一貫校の適性検査は、国語、算数、社会、理科を横断的にまとめた融合問題です。表、グラフ、写真などから読み取る内容や、問題文から条件を見抜く力も試されます。

国語では出題に対して作文で解答する大問があります。過去問で「なにを答えさせようとしているのか」、その傾向や、作文の字数を確認しておきましょう。

これからの時間はアッという間に進んでいきます。入試前1カ月を過ぎ、直前期に入ったら、過去問をすべてやりなおす時間はありません。

すべてを解き直すのは無理なのですから、「解答として求められていることはなにか」を考える習慣をつけましょう。

その解答を得るための条件はなにとなにかについて、親子でいっしょに考えながら、過去問に目をとおしていきましょう。

40～41ページの下欄に、この時期からの学習のヒントをしめしておきましたので参考にしてください。

また、44～45ページの下欄には、直前期に親が注意すべきことを時系列にまとめておきました。

作文対策

何字以内の作文を何分で書けばいいのか

これまでにも、作文の練習はしてきていると思います。

直前期になると弱点の補強はなかなかできません。しかし、作文は書けば書くほど力がつきます。

作文だけのために多くの時間は取れませんが、新聞記事には、毎日、目をとおすようにしましょう。読解の練習にもなりますし、社会科における時事問題の知識は欠かせないものだからです。

そして、週に1～2回は、新聞に掲載されているコラムや社説、記事を選び、字数を決めて要約したり、要旨をまとめる練習をしましょう。

さらに、その記事で自分が感じたことを短くまとめる練習もしましょう。

公立中高一貫校の作文は、400字～600字前後の字数を求められますが、字数は各校で異なります。

埼玉県立伊奈学園は、すべての問題に短い作文（記述）で答えます。

受検校の過去問で、求められる字数を確認し、その字数で練習するようにします。字数については読点、句点も1字ですが、いちばん上のマスに読点、句点がきた場合などはどうするのかも、各校の過去問の注意事項を見て確認しておきましょう。

また、時間配分も大切です。読解する時間、考える時間、ていねいに書く時間、見直す時間を割りふって練習します。

書きっぱなしではなく点検することが大切

これからの直前期には、練習した作文のすべてを進学塾の先生が点検する時間はなくなってきます。

見ていただけたとしても、「すぐに」とはいかないでしょう。

点検が作文時点から時間がたってしまい、子どもが書いたときのことを忘れてしまっていては、あまり意味がありません。

そこで、日々の作文練習は親が目をとおすことが必要になります。

では、どのようなことをポイントにして、作文を点検したらいいのでしょうか。

作文問題のほとんどは、まず課題文がしめされ、それを要約したり、作者が言いたいことをまとめたりする出題となります。

課題の長文が2題しめされ、共通した主張をまとめて作文することを求められる学校もあります。さらに、課題文から自分の考えを導いて書く、というものもあります。

ですから、作文を点検するときには、まず、課題文の内容をふまえて書いてあるかどうかをみます。

課題文に対して、自分が感じたこ

計算練習

計算の練習も毎日取り組んでほしいことのひとつです。

公立中高一貫校の適性検査では、単純な1行問題はでてきませんし、「つるかめ算」「旅人算」などが使えるかどうかは試されません。

過去問を見ていると、正しい答えをだすことよりも、答えにたどりつく、その道すじを大事にしていることがよくわかります。

理科や社会と融合させ、表やグラフから読み取った数字を割り算して、％にして比較したりもします。環境問題や農作物の地域比較などからも出題されるため、大きな数字同士や、小数同士の計算も必要になります。

とや、自分の考えを書く問題に対しては、自らの体験を盛りこんで意見を書くようにすると字数を達成できるようになります。志望校の過去問が、このようなタイプの作文なら、新聞のコラムは要約するだけでなく、そのコラムに対して自分ならどうするか、どう思うか、よく似た体験はなかったか、ということを考えながら作文をするようにし、自分の意見をかならず入れるようにします。

また、段落の設け方にも目を向けましょう。まったく段落のない文章はいただけません。話の区切りでは段落を分けるようにします。最低でも、自分の意見や主張、結論の前には段落が必要です。なかには、「三段落に分けて」など、分け方を指定される学校もあります。

この時期なら「で・ある調」と「です・ます調」の混在はなくなっていると思いますが、まだまざっているようなら、注意不足につきますので、書きあがったあとの見直し時間での注意を徹底させます。

受検生自身は、自分の書いた文章を振り返り、見直すのは苦手なものです。「面倒くさい」と感じるのも理解できるところでしょうが、そのことが合格につながることを自覚させましょう。

「ら抜き言葉」などもよく点検してください。また、最近の子どもたちは日常で「ちがって」と言うべきところを、「ちがくて」や「ちがうくて」と発音することが多くなっています。それをそのまま文章でも使ってしまうことがありますので、見逃さないようにしましょう。

作文は、その内容、言いたいことが読み手に伝わらなければ意味がありません。お父さん、お母さんが「これじゃわからないなぁ」という場合は、なにを言いたいのかを言葉で説明させて「それなら、ここをこう工夫したら、お父さんにも伝わるよ」と肯定感を持たせながら、「伝わる喜び」を重ねていきましょう。

面接対策

私立中高よりも重視される公立中高一貫校の面接

面接については、61ページからの項で詳しくあつかっていますので、ここでは、公立中高一貫校での面接特有の部分についてお話しします。

首都圏の公立中高一貫校の面接は、東京の一般枠と神奈川※では行われません。それ以外の学校では実施されています。

面接形式は個人面接と集団面接があり、学校によってちがいます。

保護者に面接をする学校は、公立中高一貫校にはありません。

個人面接はひとり5分ほどです。集団面接は5人〜8人ぐらいで行われ、時間も20〜30分と学校によって長さがちがいます。当然ですが、面接重視の学校が時間をかけています。

集団面接とはいっても、一人ひとりが答えていく形式で、個人面接の生徒交代時間の短縮にねらいがあるようです。他の受検生が応答しているときの態度も見られますので、他の受検生の応答にも注目するようにしましょう。

集団面接では、面接官がつぎつぎと受検生に質問していきます。個々が答える時間は1分にも満たないことが多いので、結論をさきに言うようにしましょう。理由などを述べているうちに、つぎの受検生への質問に移ってしまい、結論を言えずに終えるのでは残念です。

個々への質問は1度だけではありません。「それはなぜ」と再度質問されたり、しばらくあとに再度質問されたりします。座っている順番に沿ってあてられるともかぎりません。ほかの受検生への質問もいっしょに考えるようにしていれば、急に呼びかけられてもあわてずにいられます。

なお、**千葉県立東葛飾**では、集団面接のなかで「プレゼンテーション的な内容を含む」とされています。5人で15分程度といいますから、ひとりの持ち時間は長くはありません。

プレゼンテーションという言葉が気になりますが、たとえば課題に対する自分の答えを画用紙に書いたあと、それを見せながら、自分の考えを説明するといった方法です。

伝えたいことがらをしめし、相手に的確に理解・納得させる力を試しているものと思われます。

私立の中高一貫校では、面接が合否に影響することはほとんどありませんが、公立中高一貫校では面接を重視している学校が多くあります。

考えておきたい志望動機や将来の自分

この時期から面接に備えるには、どの学校でも聞かれる頻出質問について考えておくといいでしょう。

志望動機、将来の希望、学校生活への期待、どんな学校生活を送りた

※神奈川県立の2校には「グループ活動」という検査があります。

いか、などは個人面接ならかならずといっていいほど質問がでます。集団面接でもだれかが聞かれることの定番といっていいでしょう。

このほかでは、自分の長所、将来の夢、小学校でがんばってきたことなどをたずねられます。

もうひとつ大切なことは、「この学校で学びたい」という意識を強く持つことです。

受検校の特徴や教育内容を、親子でよく話しあい、頭に入れておきましょう。

学校は意欲のある生徒を求めているのですから、学校の教育内容や特徴に沿って、入学後にはこんな学校生活を送りたいというところに結びつけていけば、答えを用意していなかった質問に対しても答えることができるはずです。

質問に対しては、まず「ハイッ」と返事をしておけば、少し考える時間は与えてくれます。ゆっくりとした口調でかまわないので、ハキハキと自分の言葉で答えましょう。

とくに注意したいのは、他の受検生の受け答えに対して、必要以上に反応しないことです。自分と比べる必要もありませんし、まして、焦ったり、おくすることもありません。

じょうずに答える必要はなく、ありのままの自分を見てもらえばいいのです。面接の答えには正解というものはありません。それよりも、あなたの態度が見られているのです。

生活面の注意事項

脳を朝型に転換

無理は禁物だが 早起きを習慣にしよう

直前の時期における生活面についてもお話ししましょう。

まず大事なことは、「朝型への転換」です。

公立中高一貫校の検査は、8時半集合、9時開始という場合がほとんどです。

では、何時に起床すればいいのでしょうか。人間の脳が活発に働き始めるのは起床後3時間からと言われています。ですから、受検時には6時ごろには起床する生活を日常化できていなければなりません。

詳しいことは30ページで述べていますのでここでは重複を避けたいと思いますが、無理をしないで「いまから徐々に」を心がけましょう。

親子の会話を

話す機会を多くして 思考力・表現力を培う

おとなと話をする機会が多い子どもは語彙《ごい》が増えることがわかっています。それにともなって表現力が増し、当然のように思考力を養うことになります。

最も身近な存在であるおとな、つまり親がいつも楽しく会話をすることが大切なのです。入試が近づいたいまこそ、笑顔の会話が必要です。

まずは健康を維持

忘れずに予防接種を 虫歯の治療、検眼も早めに

インフルエンザの予防接種も忘れてはなりません。

詳しくは68ページからのコーナーであつかっていますが、卵アレルギーがある、などの問題がなければ、かならず受けておきましょう。インフルエンザの予防接種の効果は2回接種の2週間後から効果があります。東京、神奈川なら1回目を11月に、2回目を12月に受け、千葉、埼玉はもう少し早めがいいでしょう。もちろん、お子さんだけではなくご家族も接種すべきです。入試の日、同伴すべきご両親が寝込んでしまっては、安心して試験にのぞめませんし、ご兄妹が罹患《りかん》した場合も同様です。

虫歯の治療などもいまのうちにすませておいた方が無難です。当日が歯痛ではおおいなるマイナスです。

また、受験勉強で近視が進んでいる場合もありますので、念のため受診して検眼し、眼鏡を新調する必要があるなら早めに手配しましょう。

あとは合格へまっしぐら

志望校の決定に 見逃されがちな通学の便

さあ、いよいよ出願の準備が始まります。もちろん、志望校は決まっていますよね。私立の学校とちがって公立中高一貫校は1校しか受けられません。それだけ厳しい入試だといえます（ただし、**さいたま市立浦和**と大宮国際は、第一次選抜のみ両校に出願できるという例外があります）。

志望校が決まっていたとして、意外と見逃されているのが「通学の便」です。

たとえば千葉県立の2校の学区は県内全域で、通学時間の制限もありませんが、千葉県はタテに長い土地柄で、学校側も「生徒の通学にともなう体力的、精神的な負担や6年間通うこと等を考慮し、志願するかどうかを判断してください」と呼びかけています。他都県の場合も、遠い学校に6年間通う負担は考慮されるべきでしょう。

また、川崎市立、千葉市立、さいたま市立の学校は、その市内在住者しか受けられませんが、千代田区立九段は区内在住者だけでなく、都内在住者にも門戸が開かれています。

特例として、さいたま市立大宮国際は、市内への転居予定の市外生に対し、資格審査を経て受検できる場合がある、と答えています。

わかりにくいのが横浜市立の2校で、**横浜市立横浜サイエンスフロンティア**は横浜市内在住者しか受けられませんが、**横浜市立南高附属**は市内在住者だけでなく、神奈川県内在住者が受けることができます。

これらのことも考慮して、最終的な志望校を決めてください。

出願書類について

入学願書

願写真撮影の時期は各校で指定されている

公立学校の入学試験は、「入学者選抜」と呼ばれます。

公立中高一貫校の出願にあたっては、「入学願書」「報告書（調査書）」と、一部の学校では「志願理由書」が必要です。これらの書類様式は都県や学校によって異なります。なかには「応募資格審査用紙」や小学校校長による「出願承認申請書」の提出を求められる学校もあります。

さて、入学願書の書き方の注意事項は、50ページからの項でお伝えする私立中高一貫校の「願書の書き方」に準じますので参考にしてください。

願書に貼る写真について、首都圏の公立中高一貫校は4㎝×3㎝の大きさで、白黒、カラー、どちらでも可が多いのですが、さいたま市立の2校などはカラー写真にかぎっています。写真の裏には受検者氏名を書きます。写真は、願書と受検票のために2枚必要な学校がおもですが、願書のみに必要で1枚ですむ学校や、3枚必要な学校（**千葉市立稲毛高附属**）もあります。なお、写真をいつ撮影するかですが、各校で指定されていますので、注意してください。「出願前3カ月以内」「2019年9月1日以降」「2019年12月1日以降」などさまざまです。

また、入学願書には、検定料の領収書を貼る欄がありますが、写真も貼って、領収書も貼ってと貼りつける箇所が複数になると、どこかを貼り忘れてしまうこともあるので注意が必要です。この領収書は受検先の都県、市、区独自の収入証紙です。国の収入印紙ではありません。

報告書

合否を分けるのは報告書と適性検査

入学者選抜の当日は、出願時に提出された書類の審査に加えて、「適性検査」「面接」「作文」などが実施され、それぞれが点数化され、換算ののちに、総合成績の結果で合否が判定されます。これらの実施項目は学校によって異なります。

学校によって換算の仕方はちがいますが、大きな比重を占めるのは39

その日までのヒント

2週間前など、直前の時期から行える適性検査への有効な対策は、「志望校で出題された過去問の再点検」につきます。すでに1度はやっていると思いますが、問題文の読み取りを重点に、再度やっておきましょう。

さて「その日」です。別項でも詳しく述べていますが、前日は受検票や筆記用具その他、持ちものの確認を本人にさせたうえで、親もかならず再確認しておきます。

そして、遅くとも22時には床につくようにしましょう。

当日の朝は、計算問題を2〜3題、もしくは、漢字の書き取りを1ページ程度やって、脳を目覚めさせます。適性検査は、多くの学校が8時半集合、9時開始ですが、再確認し、8時には学校に着くよう余裕を持って家をでましょう。

保護者はいっしょに検査会場まで行きます。子どもだけで登校させることはやめましょう。天候急変や交通事故による電車遅延など、どんなアクシデントがあるかわかりません。子どもだけでは対処できないことも起こりえます。

ページから述べた「適性検査」、そして「報告書」です。

報告書は小学校生活を映した鏡のようなもの

報告書は小学校の先生にお願いして書いていただくもので、小学校の成績が大きな要素を含んでいることがわかります。

ですから、ふだんの学校生活での学習と日常の行動に、前向きで真摯《しんし》な態度が必要だといえます。

報告書は、公立中高一貫校各校指定の用紙を使って、小学校の先生に書いてもらいます。東京都立の10校は共通です。

その内容は小学校の「学習の記録」で、おもに5～6年生（千代田区立九段は4～6年生）の成績表を参考にして記されます。

小学校での基礎学力がしっかり身についているか、学校生活に一生懸命取り組んでいるかどうかが焦点となります。

中学校側の出願書類の提出期限は都県、市、区によってちがいます。志望校が決まったら、期限をよく確認し、早めにお願いして報告書を作成してもらいましょう。

近年、私立の中高一貫校では調査書を求めることはほぼなくなり小学校の先生の負担は減っていたのですが、公立中高一貫校を受検する児童が非常に多くなり、先生の負担は逆に大きくなっているともいわれます。ですから、余裕を持ってお願いし、ゆっくりと書いていただく方がいいに決まっています。

都県によって報告書の様式は異なるとしても、その内容はほぼ共通といっていいものです。

記入欄のおもな項目は「各教科の学習の記録」「総合的な学習の時間の記録」「特別活動の記録」「行動の記録」「出欠の記録」「総合所見」などです。このうち、入学者選抜にとって合否に影響するポイントが高く、客観的に記されるのが「各教科の学習の記録」でしょう。ほかの項目は、合否に大きな影響を与えることはありません。

志願理由書

志願理由書は志願者本人が書く

「志願理由書」の提出は、すべての公立中高一貫校で採用されているわけではなく、たとえば東京都立では**小石川**と**白鷗高附属**の2校だけで必要です。

千代田区立九段では「入学を希望する理由」と「小学校のときに、力を入れて取り組んできたことで、自分がとくに述べておきたいこと」を記入する「志願者カード」があります。2項目だけですから、記入欄が他校より広く設けられており、記入する前になにを書くか、よく検討する必要があります。

千葉県立千葉、**東葛飾**の「志願理由書」は、都立中学に似た様式ですが、その他の項目に「自己アピール欄」があります。

千葉市立稲毛高附属の「志願理由書」には入学願書と受験票に貼付したものと同じ写真を貼る必要がありますので、前述しましたが、写真撮影の際に3枚用意することを忘れないようにしましょう。

さて、「志願理由書」を首都圏で採用している各校とも、志願者本人が記入することを求めています。このような書類の記入は、小学生本人にとっては初めてという場合がほとんどでしょう。ですから、ここでは親もいっしょに書く、という姿勢こそが大切です。

記入する内容についても「なぜこの学校を志望するのか」について、よく家族で話しあっておきましょう。

それだけに、早めの準備が必要です。余裕をもって対応しましょう。ていねいに、しっかりとした文字で書くことも望まれます。

とくに漢字は、正しくていねいに書きましょう。小学校で習った漢字は送りがなにも気をつけましょう。

記入欄のスペースと、本人が書きたいことの文章量とが合わない場合がでてきますが、記入欄をはみだすことは避けましょう。逆に書くことが少ない場合ですが、記入欄に書く文字は、少なくとも9割以上は埋めたいところです。

その内容は、小学校でとくに力を入れてきたことについて、具体的に、どんなことをがんばったのかが伝わるように書きましょう。

なお、志願理由書の右上に「受験番号」という欄が用意されている場合、ここは空欄のまま提出します。出願後、決まった受験番号を学校側が印字するスペースです。

また、記入まちがいや書き損じはどうしても起こります。願書や志願理由書はコピーを使った下書きも必要です。ほとんどの学校で、各校のホームページからダウンロードできるようになっていますので、それを下書きとして利用するのもいいでしょう。

出願書類は2通取得しておくことも大切です。もしものときには最初から書き直すことができるからです。

もし、何度も書き直して、子どもの根気が途切れたと感じたら、日を改めた方がいい結果となります。

さて、この志願理由書が合否にどの程度影響するかですが、これはそれほど大きくはない、といっていいでしょう。志願理由書を求めている学校は、ほとんどが面接を行っている学校です。ですから、面接の際の「質問材料になる資料」というとらえ方が適切かと思われます。

出願

以上のような提出書類をそろえて、各校が指定する期間中に出願します。その方法も学校によってさまざまなので注意が必要です。提出書類が非常に多くなる学校もありますので、漏れのないようにします。

出願について、郵送のみという学校、窓口持参のみという学校、両方を認めている学校などさまざまですが、近年私立中高一貫校で一気に増えてきた「ネット出願」は公立中高一貫校ではありません。

締切時間は15時までと16時半までという学校があり、最終日は11時半までや正午までとなっています。

時間帯によって受付対象を変えて（居住地域、男女別など）、混雑を避けようとする学校もあります。

郵送についても封筒の大きさを定めている学校、簡易書留で配達日指定にしなければ認めていない学校もあります。

千葉県立中2校の出願は、2019年11月18日（月）から20日（水）まで、なるべく学校持参（15時まで）です。千葉市立稲毛高附属は同12月10日（火）と11日（水）の両日、学校持参（16時半まで）。

埼玉県立伊奈学園は同12月25日（水）16時半までと26日（木）の正午までの両日で、学校持参のみです。

さいたま市立浦和は埼玉県立と同じ両日、学校持参ですが、25日は午前女子、午後男子で受付時間がちがいます。26日は前日に出願できなかった男女受検生が対象で、11時半までの受付です。

同市立の大宮国際（一般選抜）も25、26日の両日受付ですが、25日は午前が男子、午後が女子を受けつけます。

市立浦和と両校に出願できるため、午前・午後の受付対象が両校で逆になっています。26日は市立浦和同様、前日に出願できなかった受検生が対象で、11時半までの受付です。

白鷗を除く東京都立9校の出願は、2020年1月9日（木）から15日（水）までの必着で、各校指定の郵便局に「郵便局留」で郵送することにより受けつけることとなっています。たとえば**桜修館**なら目黒郵便局局留、**富士高附属**なら中野郵便局局留といったぐあいです。

白鷗の一般枠は2020年1月13日（月）、14日（火）に西校舎に持参受付のみで郵送は受けつけません。

千代田区立九段については、2020年1月15日（水）と16日（木）の15時までに、九段校舎の窓口に持参です。

神奈川県立2校は、いずれも2020年1月8日（水）から同月10日（金）までで、志望校に簡易書留で送ります。川崎市立1校と横浜市立2校は1日ずれて同7日（火）から9日（木）まで。いずれも消印有効での簡易書留郵送です。

なお、窓口持参で、不備が指摘された場合、その場で訂正することになりますので、かならず印鑑（あれば訂正印）を持参してください。

合格発表

高い倍率の公立一貫校 うまくいかない場合も

合格発表の仕方も都県、市、区によってちがいがあります。「入学許可候補者内定」と呼び、それだけでは合格したことにはならず、入学確約書を提出して初めて「合格」と呼ぶ県もあります。

千葉や埼玉の学校では、一次で受かったあと、二次検査がありますので、じつは、そこからが本番。タフさが必要です。

合否発表の日、学校掲示を確認するために、小学校を休ませる、というかたがおられますが、高倍率の入試ですからうまくいかない場合もあります。

発表はインターネットでも行われますから、画面で確認後、合格の場合にのみ、放課後、親子で見にいく方法がいいと思います。

なお、合格の場合も期限までに手続きをしないと入学の権利を失いますので注意が必要です。

さあ、その日が近づいてきました。編集部一同、うれしい日々となりますようお祈りしています。

直前期に保護者がサポートできること

親と子の三人四脚受験 さあ、ラストスパートだ!

親と子のラストスパートの時期となりました。これまで親子二人三脚で、いや、お父さん、お母さんと合わせ三人四脚でここまできました。ゴールまであと少しです。このページでは、あと2カ月ちょっとの間に起こりがちなアクシデント、エピソードを交えながら、保護者が直前期にサポートできること、すべきことを考えてみました。

他ページでも再三触れていますが、いよいよ近づいてきましたね、受験本番が。中学受験は高校受験や大学受験とちがって、まだ12歳の小学生が挑む、初めての高く厚い壁です。このため、どうしても保護者のサポートが必要です。

じつは、保護者とお子さんが三人四脚で挑んでいく入試は、これが最初で最後です。これからのちは、お子さんは一人立ちし、大学受験は自分で乗り越えていくことでしょう。

それだけに、親子でゴールに立ったとき、保護者の感慨も非常に深いものがあるのが中学受験です。

その日まで、あとちょっと。お子さんと見上げる、どんな「ゴールの空」が待っているのか。いまは「楽しみに」という余裕はないかもしれませんが、万全の準備をしてその日までを突っ走りましょう。

学習面の注意点は本番を意識できるかどうか

パニック◎その1

その男の子は、過去問や問題集を解けるまでじっくり演習していました。お母さんが答え合わせをしてみると、いつも「はなマル」。志望校の合格最低点もいつも「大丈夫!」。本人も保護者も、早々に「合格」を見据えることができ自信満々でした。

ところが、この時期になって、いざ塾の志望校別講習に通ってみたら、つぎつぎと課される過去問に似せた類題が、時間内にまったく解き終わらず、本人は泣きながら帰ってくることになったのです。

家庭で過去問をやってはいたのですが、制限時間を設けずに解けるまでがんばる方式で解いていたので、「捨て問」を見極めねばならない、その志望校タイプの問題には対応できなかったのです。

お母さんも、「過去問と時間」のことは知ってはいたのですが、「この子はお尻を叩いてやらせると、やる気をなくす」と時間をはかることはやっていなかったのだそうです。

しかも、合格最低点を超えるのが早かったため、親子とも「落ちる気がしない」となり、制限時間のことは、すっかり抜け落ちてしまったのです。

そのことに気づくのが「あと一歩」遅かったら、間に合わなかったかもしれません。

対応として、とにかく解けるところ、得意分野の問題を選びだして時間内に解く練習をすることで、時間の感覚を身につけることを始めました。

そして、問題を広げたら、まずすべてのページを素早く見て、解けるかどうかを判断し、その問題に○印をつける練習をしました。

初めのうちは、「解ける」と思う○印はたくさんついていました。しかし、実際にやってみると、解けずに時間ばかりかかってしまう問題にも○印がついていたのです。

これまで自信満々だった彼のプライドが「解けそう」な問題にも○印をつけさせていたのです。

そこでつぎの段階として、「解ける」と思う問題には○印、「解けそう」と思う問題には△印をつける2段階方式にし、まず○印をやり、時間があれば△印に手をつけることにしました。

そして、家庭では計算問題やドリルを短時間で解くという訓練を毎日何セットもやり、「単純で、スコアが取れる問題はスピード重視」に舵を切りました。

もともと解ける問題は多かった彼でしたが、時間内に合格最低点を絶えず上回れるようになったのは、それでも本番直前でした。

ダメだったときのことを考えておく

パニック◎その2

こちらの男の子は、まず、公立中高一貫校、そのつぎに私立の中高一貫校をめざしていました。日ごろの成績もよく、公立の適性検査問題もうまく解ける器用なタイプでしたから、本人はもちろん、お父さん、お母さんも安心していました。

受検当日も失敗したようすはなく、本人も手応えがあったようで「受かったつもり」になっていましたが、フタを開けてみると不合格。

本人はどん底まで落ちこんで「中学をでたら働く。二度と受験はしたくない」とまで言い、ふさぎこんでしまいました。これでは第2志望の私立もうまくいくわけはありません。

公立中高一貫校への合格のむずかしさは並大抵ではありません。適性検査問題はおとなでも面食らう問題が多く、いったんピントがずれると、一気に点数が下がってしまいます。公立中高一貫校の問題は家庭でも解きにくく、勉強内容や受検制度が複雑なこともあって、保護者といっしょに勉強するという日常にはなりにくい面があります。

そんなこともあって、このケースでも、家庭で受験に関して、あまり本人と話しあえていなかったようすです。

受験が始まる前に、うまくいかなかったらどうするか、受験したこと自体を後悔しないように誘導できているか、さらに受験が近づいたら再度「ほんとうに受験するかどうか」まで、話しあっておくべきです。

このケースの場合、公立中高一貫校から繰り上げ合格がきて、みんなでホッとしたのですが、点数開示を受けて解き直してみると、点数がふだんよりも取れていなかったことがわかりました。計算ミスや問題の見落としがあり、本人は解き直すまで、それに気づいていませんでした。

1科目のミスぐらいはほかの科目でカバーできる

パニック◎その3

その女の子は国語が得意で、とくにこの1年、ほかの科目も順調に合格ラインまで伸びてきていました。

ところが入試当日、算数で大失敗。

当日の夕方、保護者から編集部へ電話がありました。「家に帰ったとたん、いままで見たことがないくらいの勢いで泣きだした。『あんなに勉強したのに悔しい、練習した面接はうまくできたのに算数で不合格になったらどうしよう』と言っている。どう声をかけていいかわからない」とお母さんもオロオロしたようす。

泣き止んでつぎの入試に向かってもらわなければなりません。入試は総合点で決まるので、国語と面接がいつもどおりにできていれば、じゅうぶん合格の可能性があると、お母さんから話してもらいました。

お母さんは、わが子に自信を取り戻してもらうために、受験までの過程でのがんばりを言葉にして、ほめることを繰り返しました。陸上記録会があった時期に「練習と勉強をよく両立してやりきったね」など受験と関係がないことも思いだして、ようやく涙は止まりました。

難問がでたときや、過去問とはいきなり問題傾向が変わったときなどに、点数が取れないことはありえます。そのときはほかの受験生も同じようにあわてているはずで、焦る必要はありません。案の定、このときも終わってみれば、算数も合格者平均点よりも上回っており、合格を手にすることができました。

ときには強い言葉が本人には力になることも

パニック◎その4

その男の子は、小学校5年生のときから第1志望校が明確に決まっていました。

その中学に進んで、高校でその学校の看板ともなっているサッカー部に入ることが夢だったのです。

受験勉強は順調に進んでいました。第1志望がはっきりしていたため、学習方針も中途チェックも、周囲にとっては明確で、前進の過程もしっかりしたものだったのです。

ところが本人はちがったようです。過去問の演習が始まった秋、突然「あの学校には行きたくない」と言い始めたのです。

これは、ずっとひとつの学校をめざしてきたため、本人にとってはいろいろなことが見えてきて気になり、ささいなことでも「ダメかも……」と思えてしまったからです。そして過去問に対峙したことで緊張と不安がピークに達したのです。

小学校に入ったときからスポーツできたえ、勝気な性格であったため、両親はそれを逆手にとって、強くいさめました。

本人の意思に任せる言い方で、「やりたくないなら受験をやめよう」、「近くの公立に進めばいいのでは?」といった言葉かけでした。

結局、本人はこれに反発、「やってやる!」となり、弱気な発言はなくなって、ラストスパートへと力強く向かっていきました。

入試当日は気取らず 着慣れた服装で

パニック◎その5

その男の子の小学校には制服がありませんでした。

では、それに準じる格好をさせよう、ということでジャケット・セーター・スラックスを購入して受験にのぞませました。

ジャケットなどというものを着たのは、これまでは七五三のときぐらい。それは3歳のときでした。

そんな着慣れないジャケットを、当日ずっと着ていたため、子どもなのに肩が凝って集中できなかったというのです。脱いでセーター姿になればいいようなものですが、これも慣れていなかったため、だらしなく見えるかもしれないと考えて、脱ぐことができなかったといいます。

このようなときは、ジャケットを脱ぎ、セーターで受けてもまったく問題はありませんでした。試験中にごそごそするのが気になるのなら、挙手をして試験官に「暑いので上着を脱いでもいいですか」とひと声かけて断れば許可されていたでしょう。

受験のとき、服装の問題はよく起こります。服装に迷う保護者は意外に多く、購入した服をそのまま初めて着用させて送りだしてしまったりするのです。

とくに午後に面接がある場合など、面接のための慣れない服装で筆記試験も受けさせてしまうときに、服装パニックは起こりがちです。

受験の服装は、寒さ対策と、着慣れているものを選ぶことが優先されます。お子さんの気持ちになってください。

受験当日のアクシデント なにが起きてもあわてない

パニック◎その6

女の子と、しっかりしたお母さん。ところが、入試当日、受験票を忘れてしまったのです。ふだんからしっかりしているお母さんと女の子でしたが、しっかりしすぎていたせいか、かなり早い段階で当日用の持ちものを準備していたそうで、最後にそのバッグに受験票を入れるのを忘れてしまったのです。

忘れた受験票を取りに帰り、今度は自家用車で向かったとのこと。幸い、土曜の早朝で道路は混んでいなかったことから、受付時間内に学校に着くことができたそうです。しかし、自家用車で向かうのは、このような場合でも感心しません。

とにかく、最低限、筆記用具と受験票だけは当日の朝に再度確認するようにしましょう。再度確認したあと入れ忘れることもありえますので、家をでたら、最初の信号のところでバッグをのぞいてみましょう。

ただ、80ページでも述べていますが、受験票は忘れても、そのまま学校に行けば対応してくれます。

怖いのは、その失敗に心が焦り、自らのミスに顔を曇らせるお母さんの表情が追い打ちをかけてしまうことです。これは「忘れもの」よりもとても大きな脅威となります。

また、最近はネット出願が多くなり、受験票は、受験生側がプリントアウトして持参する例も増えています。この場合は、2枚用意して片方は保護者のバッグに予備として入れておくことも可能です。

受験をやりとげた経験を お子さんの成長の糧に

合格発表の日

いよいよ合格発表。お子さんはもちろん、ご両親も心臓がドキドキ高鳴ります。

受験番号を見つけたら、お子さんといっしょに心の底から喜んでください。そして塾の先生などお世話になった人たちに報告してください。

受験勉強の最中には気づきにくいですが、じつは親子で歩んだ受験を、自分のこと以上に気にかけ、応援していた人が周囲に多くいたのです。

受験という壁に真剣に立ち向かった経験は、お子さんを大きく成長させているはずです。ひとつの目標に対してひたむきに努力してきたこと、真剣になって取り組んだこと、つねに持ちつづけた向上心、諦めない心、忍耐力…。受験勉強にマイナスのイメージを持つ人もいますが、それはちがいます。

この経験は、お子さんがおとなへの階段を踏みだす貴重な「はじめの一歩」となるはずです。

入学願書 記入から提出まで

準備が肝心

入試における最初の関門ともいえる、入学願書の提出。
インターネット出願という手段をとる学校も増え、その方法は多様化しています。
万全の状態で入試に向かうためにも、余裕を持って準備を始めましょう。

CHECK 01 準備するもの

筆記用具

学校が指定した筆記用具がある場合はそれに従い、とくに指定がなければ黒か青のボールペン、または万年筆を使用しましょう。記入途中でインクが切れてしまうことがあるので、替えの芯やインクもあると安心です。

印鑑・朱肉

スタンプ印を避け、朱肉を使う印鑑を使用しましょう。訂正印も用意しておくとミスした際に便利です。

学校案内

手元にあれば志願理由などを記入する際の参考にできます。ただし、他校と混同しないよう注意が必要です。

願　書

受験の結果によっては「駆けこみ受験」の必要がでてくることも考えられます。第１、第２志望の学校だけではなく、受験を考えている学校の願書は手に入れておきましょう。学校説明会やオープンキャンパスで願書が配布されることもありますので、そうした機会にできるだけ入手しておくといいでしょう。

写　真

学校によって、撮影時期やサイズ、スピード写真の可否などの指定が異なる場合があります。各校の指示をよく確認し、実際に必要になる枚数よりも少し多めに用意しておきましょう。

CHECK 02 記入する前に

コピーで練習を

本物の願書に記入する前に、コピーしたもので練習してみましょう。練習してから清書をすることで、誤字脱字だけではなく、文字の大きさやバランスなども確認することができます。

募集要項をチェック

まとめて何校分も記入する場合は、記入事項や形式がそれぞれ異なることもあるため、注意が必要です。記入する前に募集要項をしっかり確認し、スムーズに書き進められるようにしましょう。

CHECK 03 記入時の注意点

不明点はすぐ問い合わせる

願書を記入する際に、疑問点や不明点が生じた場合は、学校にすぐ聞いてみましょう。各校とも親切に対応してくれるはずです。問い合わせたことによって受験で不利になることはありませんので、安心してください。

文体は統一する

志望動機など、書くスペースが大きく、文章量が多くなりがちな部分では、文体を「です・ます調」に統一しましょう。「だ・である調」だと、読み手に高圧的な印象を与えることがあるので、避けた方が無難です。

なるべくていねいな字で

手書きの入学願書を提出する学校の場合、字がうまいから、ヘタだからといって合否に影響はありませんが、読み手が読みにくくないよう配慮して、ていねいに記入しましょう。

スペースはうまく使って

志望動機などの項目を記入する際は、はみだしたり余白ができないように工夫してみてください。記入欄に線がない場合、鉛筆で薄く線を引いてから記入し、インクが乾いてから線を消す方法がおすすめです。

ミスを防ぐ工夫を

住所や名前など書き慣れた項目では、気が緩んでしまうためかミスがでやすい傾向があります。時間に余裕を持って取り組む、学校ごとに保護者で分担するなど、負担を減らしてミスを防いでください。

訂正は落ちついて

ミスをした場合は、募集要項を確認して、学校から訂正方法について指示があればそれに従いましょう。とくに指示がない場合は、訂正箇所に二重線を引き、その上から訂正印を押すのが一般的です。

01 受験回

受験回ごとに願書の用紙がちがう場合や、受験科目を選択させる場合があるので、学校ごとによく確認しましょう。

02 志願者氏名・ふりがな

氏名は略字などは使わずに、戸籍上の漢字で記入しましょう。ふりがなは、「ふりがな」ならひらがなで、「フリガナ」ならカタカナで記入しましょう。ふりがなの書きもれにはくれぐれも注意しましょう。

03 生年月日

西暦での表記か、元号での表記か注意してください。

04 現住所

志願者本人が現在住んでいる住所を、番地や部屋番号まできちんと記入しましょう。調査書などのほかの書類と同じ住所にします。

05 写真

スピード写真やスナップ写真ではなく、専門店で撮影した証明写真を使用するようにしましょう。学校によって、サイズや撮影時期などの条件が異なりますので、確認して指定されたとおりにします。念のため、必要枚数よりも多めに準備しておきましょう。写真の裏に氏名と住所を書いておくと、万が一願書からはがれてしまっても安心です。また、眼鏡をかけて受験する場合は眼鏡をかけて撮影しましょう。

06 印鑑

押し忘れが多いので注意しましょう。印鑑は朱肉を使用するものを使います。印がかすれないよう、下に台紙などを敷いてからしっかりと押しましょう。

07 保護者の現住所

「志願者本人の住所と異なる場合のみ記入」と指示があれば、未記入でかまいません。指示がない場合は、「同上」と記入するか、再度記入しましょう。単身赴任等で住所が異なる場合はその旨を記入します。

08 緊急連絡先

受験中のトラブルはもちろん、補欠・追加合格など学校からの緊急連絡時に必要となりますので、確実に連絡が取れるところを書いておくのがポイントです。保護者の勤務先を記入する場合は、会社名・部署名・内線番号まで書いておくと親切でしょう。最近は、携帯電話でもかまわないという学校も増えています。その場合には所有者の氏名と続柄も記入しましょう。

09 家族構成

指示がなくても、本人を書く欄がなければ、本人以外の家族を記入するのが一般的です。書く順番は、父、母、兄、姉、弟、妹、祖父、祖母としますが、募集要項のなかに明記されている場合もありますので、指示に従ってください。名字は全員省略せずに書きましょう。また、家族の続柄は志願者本人から見た場合が一般的ですが、まれに保護者から見た続柄を書かせる学校もありますので確認が必要です。

10 志願理由

記入例Aのようなアンケート形式や、ある程度の文章量で書かせるなど、学校によって異なります。

記入例A

入学願書

令和２年度
○○○○中学校

01 第１回入試用（試験日２月１日）

受験番号 ※

入学志願者	ふりがな（02）	ごう　かく　た　ろう
	氏名	合格　太郎
	生年月日（03）	平成　19　年　5　月　19　日
	現住所（04）	〒101−0000 東京都千代田区○○○ 2−5−2
	電話	03 − 0000 − 5944
	在籍小学校	東京都千代田区立○○　小学校　平成 26 年 4 月　入学 東京都千代田区立○○　小学校　令和 2 年 3 月　卒業見込

写真貼付（縦5cm × 横4cm以内）
正面・上半身・脱帽
カラー・白黒いずれも可
裏面に氏名記入
（05）

			年齢	志願者との続柄
保護者	ふりがな	ごう　かく　すぐる		
	氏名	合格　優　印（06）	45	父
	現住所（07）	<志願者と異なる場合のみご記入ください>		
	自宅以外の緊急連絡先（08）	父の勤務先 03 − 0000 − 1234　株式会社○○出版		

家族・同居人（本人は除く）（09）

	氏名	年齢	備考
保護者	合格　優	45	御校の卒業生です
母	合格　秀子	42	
妹	合格　桜	9	

志願理由（10）

（教育方針）・（校風）・大学進学実績・制服・しつけ・施設環境
（家族に卒業生）／在校生がいる・その他（　　　　）

※この欄の記入は自由です。記入されても合否には一切関係ありません。

通っている塾の名前を記入してください。	
○○○○○○	

記入例 B

志願者氏名	合格 のぞみ

11	校内活動	部 活 動	ミニ・バスケットボール部
		クラス・生徒会での役員名	学級委員（小4／小5） 児童会副会長（小6）
12	校外活動	出場・出品の大会名その成績	ミニ・バスケットボール K市大会準優勝（小5） 全国児童読書感想文コンクール入選（小6） 東京都下水道ポスターコンクール 佳作（小5）
		学校生活以外の所属団体名および活動内容	「多摩川を守る会・少年少女部会」会員 地域のボランティアとして多摩川の自然を保持するために流域の清掃活動などを定期的に行っています。
	趣味・特技・資格		ピアノ演奏 漢字検定3級（小5時に取得）

13	志望理由	小学校5年生のときから、本人が御校学校説明会やオープンスクールなどに参加させていただきました。そうした折りに在校生のみなさんに接し、「ぜひ、この学校で勉強してみたい」という強い希望をいだくようになりました。両親としても、先生方のお話をお伺いする過程で御校の教育方針に共鳴し、ぜひ娘にこうした良好な教育環境のもとで中学高校時代を過ごさせてやりたいと念願しております（母記入）。

記入例 C

14

令和２年度○○○○中学校入学願書

第１回入試用 （試験日2月1日）

受験番号	

志願者	ふりがな	ごう かく た ろう	
	氏 名	合格 太郎	
	生年月日	平成 19 年 5 月 19 日	
	現住所	〒101－0000 東京都千代田区○○○ 2-4-2 TEL 03（0000）5944	
	在籍小学校	東京都千代田区立○○ 小学校 令和 2 年 3 月 卒業見込	
保護者	ふりがな	ごう かく すぐる	志願者との続柄
	氏 名	合格 優 ㊞	父
	現住所	<志願者と異なる場合のみご記入ください> TEL （ ）	
	自宅以外の連絡先	連 絡 先	氏名または勤務先（志願者との関係）
		TEL・携帯 03 －0000－1234	○○出版 （父）
		TEL・携帯 090 －0000－5678	秀子 （母）
		TEL・携帯 － －	（ ）

写 真 貼 付
（縦5cm × 横4cm以内）
正面・上半身・脱帽
カラー・白黒いずれも可
裏面に氏名記入

令和２年度

受 験 票

第１回入試用（試験日2月1日）

受験番号	
氏 名	合格太郎

令和２年1月　　日受付

入学試験時間割

1限	国 語	8:45～ 9:35
2限	算 数	9:50～10:40
3限	社 会	10:55～11:35
4限	理 科	11:50～12:30

受験上の注意

1. 試験当日この受験票は必ず持参し、8時20分までに入室すること
2. 合格手続の際は、この受験票が必要です。

○○○○中学校

11 校内活動

書ける範囲でかまわないので、できるだけ記入するようにしましょう。

12 校外活動

小1～小6までで該当する活動があれば記入しましょう。

13 志願理由

文章は枠からはみださず、なるべく枠を満たすように書きましょう。学校の先生が目をとおすものなので、文体は「です・ます調」にします。入学したい熱意を学校に伝えるべく、学校の教育方針についての共感や、説明会などで学校に足を運んだ際に感じた率直な気持ちを綴《つづ》ってください。どう書けばいいかわからなくなってしまったときは、その学校のどのようなところがいいと感じたのか思いだしてみましょう。

14 切り取り

学校で受け付け処理がすんだら返却されます。絶対に自分で切り離さないようにしてください。

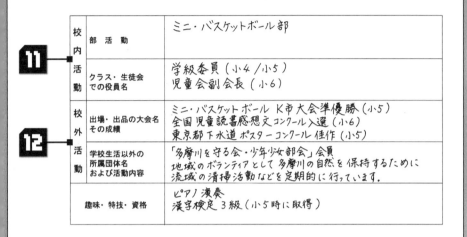

CHECK 04 提出の前に

複数の目で確認を

願書を提出する前に、第三者も交えて最終確認を行いましょう。記入者だけでは見過ごしてしまっていたまちがいに気づくことがあります。記入もれや捺印もれ、誤字脱字がないかどうかをよくチェックしてください。

コピーを取っておこう

記入内容の確認ができたら、かならずコピーを取っておきましょう。面接試験がある場合、願書の内容を掘り下げて聞かれることがあります。いつでも内容を見返せるように、手元に一部残すようにしておくと安心です。

1校ずつ保管

願書のコピーやその他の書類は、1校ずつクリアファイルなどにまとめて、ほかの学校と混ざらないように保管しましょう。その際、校名や受験回数を書いておけば、混乱の防止につながるだけでなく、紛失もしにくくなります。

CHECK 05 いよいよ提出

準備ができたらいよいよ提出です。出願の日程や方法は学校によってさまざまですから、このタイミングでもう一度確認しておくことをおすすめします。以下に出願パターン別の注意点を紹介していますので、参考にしてください。

窓口

窓口からの出願では、その場で願書を確認してもらえるというメリットがあります。記入もれに備えて、筆記用具や印鑑を持参するといいでしょう。ただし、休日の取りあつかいや、受けつけてもらえる時間帯などをよく確認しておく必要があります。なお、ほかの学校名が書かれたクリアファイルや封筒は使用を控えましょう。

郵送

郵送の場合、締め切り日の確認をしっかり行っておくことが肝心です。「必着」なのか「消印有効」なのかで出願可能な期間が変わってきます。また、他校の願書をまちがって送ることのないよう、封筒に入れる前にもう一度確認しましょう。そのためにも、時間に余裕を持って準備しておくことが大切です。

インターネット

近年では主流になりつつある、インターネットでの出願。学校によっては、インターネット出願のみあつかっているというところも増えてきました。パソコンやスマートフォンから出願手続きができ、時間の融通がききやすいのは大きなメリットといえるでしょう。しかし、コピー&ペースト機能を活用して入力した際などにミスが起こりやすく、注意しなければならない点もありますので、出願時は気をつけたいものです。

取りあつかいが増えてきたとはいっても、出願後に書類の郵送や、受験票の印刷が必要なパターンも多くみられます。募集要項をよく確認し、出願の流れを理解しておきましょう。

開智未来中学・高等学校

3I's（探究・世界水準・ICT）で国際社会のリーダーを育てる

開智学園の教育開発を担う

開智未来中学校・高等学校（以下、開智未来）は2011年4月、開智中学・高等学校の教育開発校をコンセプトに開校9年目を迎えました。初代校長関根均（現教育顧問）の教育理念を引き継いだ加藤友信現校長のもと、さらなる本質的・先進的教育の実践を進めています。加藤校長は、情報教育では文科省からも表彰を受けた第一人者で、開智学園の中心となりＩＣＴ教育を推進しています。

加藤校長も自ら情報教育に関わる

開智未来が具体的に掲げている教育の柱が3I's（Inquiry：探究・Internationalization：世界水準・ICT：つなげる知能）です。この3I'sをキーワードとして、開智学園が共通で掲げる「国際社会に貢献する創造型発信型リーダーの育成」を目指します。

学びのスキルを鍛える「哲学」

開智未来では、関根教育顧問が開発した「学びのサプリ」の考え方のもと、顧問自ら中学3年間「哲学」の授業を担当します。「6つの授業姿勢（ねらい・メモ・反応・発表・質問・振り返り）」、「メモのスキル」、「学び合い」、「世界水準の思考力」、「英語発信力」など、「国際社会に貢献するリーダー」としての資質を高める「学びの基盤」を徹底して鍛えます。そして「哲学」の授業で身についた「学びのスキル」が身体化し、日常の授業自体が「アクティブ・ラーニング」となり、質の高い授業で生徒の教科学力と志を育てます。

「哲学」の授業では教科の内容を更に深化させ、学び合いやグループごとの討論や発表を通じて、人間の価値や社会の課題などについてより深く学びます。最近では地球サミット2012のムヒカ大統領のスピーチから、資本主義、貧困問題など、それぞれの課題を論文にまとめ発表し合いました。

探究活動で世界水準の思考力と英語発信力を養う

開智未来では、フィールドワークを柱に様々な探究活動を行います。中学1年の「里山フィールドワーク」では、長野県飯山で40ページのスケッチを完成させ、観察・発見・疑問を通じ「探究」の基礎を磨きます。中学2年の「ブリティッシュヒルズフィールドワーク」では、オールイングリッシュの生活と英語メモートにチャレンジします。そして中学2年で英検準2級取得を目指します。

≪2019年度説明会日程（ホームページからの申込制）≫

項　目	日　程	時　間	内　容
4教科型 入試対策講座	11月23日（土・祝）	9:30～12:00	・４教科の入試問題解説 ・選択の英語入試解説（希望者のみ） ・入試・学校説明あり
	12月15日（日）		
探究型 入試演習	12月7日（土）	9:45～12:00	・計算基礎・読解基礎は実戦演習 ・探究問題（社会・科学）は解説 ・入試・学校説明あり

■2020年度入試日程　募集定員120名（T未来30・未来60・開智30）

	1月10日(金)	1月11日(土)	1月12日(日)	1月19日(日)
午前	＜探究１＞ 計算基礎・読解基礎・探究(科学)	＜探究２＞ 計算基礎・読解基礎・探究(社会)		＜第２回＞ ４科または２科または国算英
午後	＜第１回＞ ２科(国算)	＜未来Ａ＞ ３科(国・算・理)	＜未来Ｂ＞ ４科または国算英	

※未来Ａ・Ｂ………Ｔ未来（特待）・未来クラスをスライド判定します（未来ＡはＴ未来のみ）。
※第１回・第２回…Ｔ未来・未来・開智をスライド判定します。
※探究１・２………Ｔ未来・未来・開智をスライド判定します。基礎力（計算・読解）と、総合的な思考力（社会・科学）を問う入試です。
※１月10日～12日は午前に開智中学校、午後に開智未来中学校と、３日連続午前午後入試を実施します。
（開智中学会場10～12日、さいたまスーパーアリーナ会場10日～11日で受験できます）

中学3年の「探究フィールドワークHプロジェクト」では、関西方面で2日間の個人研究を行い200ページのメモートを完成させます。また「哲学」の授業と連動し、広島で英語の「平和宣言文」を発表するなど、生徒の活動もさらにパワーアップしました。

高校1年の「才能発見プログラム」では興味関心のある分野について1年間かけて研究します。メンター（師匠）として1人の教員が1年間指導に当たるなど、「共育：ともに育つ」の精神も開智未来の特色です。

そして探究活動の集大成である高校2年での「ワシントンフィールドワーク」（全員参加）では、スミソニアン博物館での自由研究や現地の大学での講義などを体験し、その研究成果についてタブレットを用いながら英語で発表するという取り組みも行います。また希望者に対して「オーストラリア語学研修」、「カリフォルニア大学バークレー校次世代リーダー養成研修」といった海外体験、さらに校内で5日間実施する「エンパワーメントプログラム」など、豊富なプログラムを準備しています。

長野県飯山での里山フィールドワーク

ICT活用と教育の集大成「未来TED」

開智未来では、1人1台のタブレットを導入しました。メモに代表される伝統型知性と、ICT活用の未来型知性を融合させ、より本質的で先進的な学びを目指します。各教科での効率的な活用だけでなく、各種フィールドワーク・才能発見プログラムなどの探究活動にも活用します。各学年の予選会を経て探究活動を学年代表者が発表する「未来TED」も開智未来の教育を象徴するイベントとして定着してきました。生徒はICTを活用し、取り組んできた探究活動について、英語（または日本語）で台本なしのプレゼンテーションを行います。

探究活動を英語や日本語で発表する「未来TED」

少数制だから一人ひとりを伸ばす

中高一貫生（1～3期生）が卒業した2016年度～2018年度では、卒業生476名に対し、東大3名をはじめ旧帝大・国立医学部に21名、早慶上理ICUに123名と、2013年度～2015年度比で2・6倍増と躍進を続けています。

今年度から高校過程で「国立医系コース」も新設され、さらなる飛躍が期待されます。

目《め》白《じろ》研《けん》心《しん》中学校

共学校

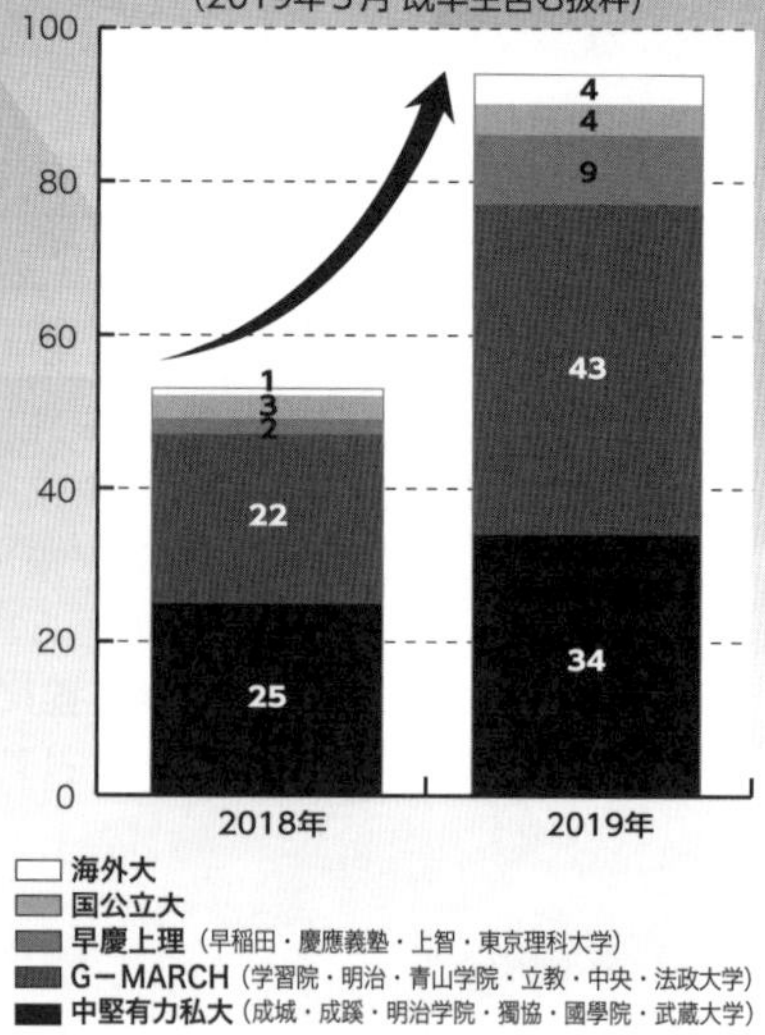

所在地：東京都新宿区中落合4-31-1
TEL：03-5996-3133
アクセス：西武新宿線・都営大江戸線「中井駅」徒歩8分、都営大江戸線「落合南長崎駅」徒歩10分、地下鉄東西線「落合駅」徒歩12分
URL：https://mk.mejiro.ac.jp/

〔学校説明会〕
- **学校説明会** 要予約
  11月16日(土)、12月5日(木)、1月11日(土)
  すべて10:30〜
- **入試体験会** 要予約
  12月21日(土)9:30〜

学習支援センターの利用が浸透し「受験は団体戦」という空気が生まれた

大学合格実績を伸ばしている目白研心中学校。その要因はどこにあるのでしょうか。進路指導部主任の矢部隆宜先生にうかがいました。

進路指導部主任
矢部《やべ》 隆宜《たかのり》先生

目白研心中学校（以下、目白研心）は、2019年度、北海道大1名、東京外大1名、島根大1名、長崎大1名など国公立大に4名、早慶上理に9名、G−MARCHに43名の合格者をだしました。また、「真のグローバル人材の育成」をめざす「Super English Course（SEC）」が開設6年目を迎えたこともあり、海外大合格者も4名に増えました。

合格実績の伸長について矢部先生は「2013年度に開設した学習支援センターの存在が大きな要因のひとつだと思います」と話されます。

学習支援センターは、生徒の学びをサポートする施設で、中1〜高2に週3回、国・数・英の確認テストを実施しています。合格点に満たない場合は映像学習やチューター指導を行うなど、学んだことを確実に定着させるよう配慮しています。

そのほか、個別に登録すると、スタッフと相談し、自分だけの勉強計画を立てたうえで、放課後に「単元別映像講座（中1〜高3）」や「Vトレーニング（プリント学習、中1〜高3）」、「VOD大学受験映像講座（高2・高3）」を受けられます。どれも全科目に対応しており、テキスト代のみで受講できます。また、別途費用を払うと、志望校別の個別指導を受けることも可能です。

「本校では、国公立大、早慶上理などをめざす『特進クラス』を設けています。特進クラスの生徒は、下級生のころから積極的に学習支援センターを利用しています。そこにG−MARCHなどの難関私立大をめざす『選抜クラス』の生徒も加わることで、志望校合格に向けてみんなで勉強するという雰囲気が生まれています」（矢部先生）

面談で生徒と教員の信頼関係を育む

大学合格実績の伸びについて、学習支援センター以外の要因を聞いたところ、「面談を頻繁に行ったこと」と矢部先生。目白研心では、中1〜高3の全学年で年に3回面談を実施していますが、特進クラスでは高1から年に6回ほどと、さらに密にコミュニケーションをとっています。

面談によって生徒と教員の信頼関係が育まれ、目白研心では、受験直前期の1月も多くの生徒が学校で勉強します。学校の実施する特別授業を受けたり、学習支援センターで自習をして教員に添削を頼んだりと、仲間や教員がいる安心感を感じながら受験勉強をする「受験は団体戦」という空気ができあがったのです。

開設7年目を迎えた学習支援センターの利用が学内に浸透し、先輩たちの雰囲気を後輩たちが受け継いでいくことで、大学合格実績は今後さらに伸びていくことでしょう。目白研心中学校のこれからに注目です。

放課後の学習支援センターのようす。毎日、約60人の生徒が利用しています

焦らなくても大丈夫

知っておきたい面接のあれこれ

受験校に「面接」があることで、不安に思われている受験生、保護者もいらっしゃることでしょう。そこで、ここからは面接がどんなかたちで行われるかをご紹介します。事前に準備をしておけば、面接はむずかしいものではありません。

じつは減少しつつある中学入試での面接

　中学入試における合否は、公平で客観的に判断可能な学力試験で決定されるのが基本であり、また、近年は面接を実施する学校自体が減少しつつあるというのが、実際のところです。

　減少の理由としては、学校側の受験生に対しての配慮という面が大きいようです。複数の学校や、試験回を受験する受験生が多いため、すべての学校で面接があると、大きな負担となります。さらに、面接があることで、他校の午後入試を受験することが時間的にむずかしくなってしまうという場合もあります。

　とはいえ、面接がまったく行われなくなっているのかといえば、そんなわけでもなく、伝統的に受験生全員に面接を課すような学校もまだ存在しています。

　いま受験を考えている学校が面接を行っているのかどうかや、その結果が合否にどうかかわるのかなどは、すでに調べられているとは思いますが、面接の実際がどんなものなのかについてをここで改めて確認してみてください。

　なお、本誌86ページからの「知っ得データ」にも、面接についての項目がありますので、実施の有無などについて参考にしてください。

面接を貴重な機会ととらえてみよう

　まずは、なぜ学校が面接を実施するのか、その理由についてお伝えするとともに、面接の内容についてご紹介していきます。

　なぜ学校が面接を実施するのかといえば、第一の理由は、入学前に学校をもっと知ってほしい、先生とふれあってほしいという思いがあるからです。また、そこには、入学前に受験生と先生が直接会話することで、教育効果を高めたいというねらいもあります。

　面接の結果は、実施する多くの学校で「参考程度」とされていることからうかがえるように、合否の判断をするために実施しているわけではありません。もちろん、なかには面接の結果を重視するという学校もありますが、そうした学校でも最終的に合否を左右するのは学力試験の結果だといっていいでしょう。

　面接の時間は短ければ5分程度、長くても15分程度というのが一般的です。そう長くはありませんが、人前で話すのが苦手な受験生・保護者もいるでしょうし、なにより入試という特別な機会ですから、緊張もするでしょう。

　しかし、だからといって、受験を一度は考えながら、面接があるからという理由でその学校の受験を諦めてしまうのはもったいないことです。面接官の先生がたはこれまで多くの受験生・保護者を見てきていますから、みなさんの緊張している姿にも理解をしめしてくれるはずです。また、ある程度緊張していることで表情に真剣さも生まれますので、悪いことではありません。ですから、もし受験を検討している学校に面接があっても、それを理由に敬遠することはおすすめしません。

ふだんから家庭で会話することを心がけて

　では、面接では実際にどのような質問をされるのでしょうか。

　もちろんその内容は学校ごとにちがってきますが、共通するものもあります。

多くの学校で聞かれるであろう質問のひとつが「志望理由」です。なぜその学校を志望したのか、「自分の言葉」で答えられるようにしておきましょう。願書にも志望理由は記入しているはずですから、その内容と異なることがないようにすることも大切です。そのためにも、願書は提出前にコピーをとっておき、面接前に目をとおしておくといいでしょう。

よく聞かれる質問は左記にまとめています。それに目をとおしてみると、志望理由のほかにも、さまざまな質問があることがわかります。しかし、その内容は、受験生の性格やふだん考えていること、どんなふうに生活を送っているのかを問うようなもので、特別だったり変わっていたりするものではありません。日ごろから、ご家庭でたくさん会話をすることが対策となるでしょう。

一方で、面接でいちばん大切なのは、面接官との会話であることもまちがいありません。用意してきた回答を話すことばかりに集中してしまい、面接官の質問を最後まで聞かずに話し始める、といったことがないようにしたいところです。

また、話し方も重要なポイントになります。語尾を伸ばしたり、友人と話すような言葉づかいでは、回答の内容がよくても、うまく伝わらなかったり、よくない印象を面接官に与えるかもしれません。話す内容も大切ですが、話し方にも留意し、明るくハキハキと話すことを心がけましょう。

また、話し方については、面接当日だけ気をつければいいというものではありません。

試しに、保護者と面接を想定して話してみてください。どうしても言葉に詰まったり、ふだんの話し方がでてしまうことでしょう。面接時にきちんとした言葉づかいができるようにするためにも、ふだんから保護者以外のおとなと話すときの話し方を意識しておきましょう。敬語にも慣れておくと、本番で自然に使うことができると思います。

また、面接の雰囲気に慣れるには、塾で行われる模擬面接を活用するのもいいでしょう。

面接中や控室での態度にも気をつけよう

ここまで、面接の質問内容や話し方について確認してきました。つぎに、面接中や控室での態度について見ていきます。

控室では、面接時の注意事項や案内が伝えられることもあります。聞き逃すことのないように、静かに落ちついて自分の番を待ちましょう。

面接時にどのように入退室するかは学校によって異なりますが、基本動作を覚えておけば問題ありません。

入室時にドアが閉まっている場合は2、3度軽くノックをしてから入ります。部屋に入ったら一礼をし、イスの左側まで進みます。そして、面接官の指示があってから、席につきましょう。イスに座る際は、背もたれに背中がつかない程度に座り、手はヒザの上におき、あごを引いて背筋を伸ばします。手足をぶらぶらさせたり、きょろきょろとあたりを見まわしていると落ちつきがないように見えてしまいますので、そういった動作はしないようにしましょう。

面接が終われば、再びイスの左側に立って一礼し、出口で再度礼をしてから部屋をでます。入る際にドアが開いていれば、閉める必要はありません。

控室に戻ったあとは、これから面接を受けるほかの受験生のことを考え、静かに行動するようにしてください。面接の内容について話すことは厳禁です。

また、面接についての保護者の悩みのひとつに服装があります。しかし、服装によって受験生の印象が変わることはないと、基本的に学校は明言しています。ですから、気にしすぎる必要はなく、ふだん着慣れていて清潔感のある、ごくふつうの服装で結構です。むしろ、筆記試験が終わったあとに、面接のために着替えることの方が不自然です。

しかし、どうしても気になってしまうということであれば、男子はセーターにズボン、女子はブレザーにスカートという服装が多いようですので、そのような服装でのぞまれてはいかがでしょうか。

保護者も面接では自らの言葉で

面接のパターンは、64、65ページにまとめてあるように、「受験生ひとりのみの面接」「受験生のグループ面接」「受験生と保護者の面接」「保護者のみの面接」の4つです。

保護者面接がある場合、保護者によっては、「自分の受け答えが子どもの合否に関係してしまうのでは」、「答えた内容についてあとで子どもがな

■受験生への質問例■

- ▶名前と受験番号を言ってください。
- ▶本校の志望理由を言ってください。
- ▶家から学校に来るまでの経路を簡単に説明してください。
- ▶この学校に以前来たことはありますか。
- ▶きょうの筆記試験はできましたか。
- ▶すべての入試が終わったらなにがしたいですか。
- ▶この学校に入学したら、いちばんしたいことはなんですか。
- ▶新しいクラスメイトがいるとして、自己紹介をしてください。
- ▶本校のほかに受験している学校はありますか。
- ▶長所と短所を教えてください。
- ▶好きな科目と苦手な科目はなんですか。
- ▶小学校生活で最も心に残っていることはどんなことですか。
- ▶小学校で委員会活動をしていましたか。
- ▶最近、気になったニュースはどんなことですか。
- ▶あなたの尊敬する人物はだれか、その理由も教えてください。
- ▶最近、どんな本を読みましたか。
- ▶あなたが大切にしているものはなんですか。
- ▶地球に優しいことを具体的になにかしたり、心がけていることはありますか。
- ▶将来の夢はなんですか。
- ▶いままでで、いちばんうれしかったこと、悲しかったことはなんですか。
- ▶お母さんの料理で、なにがいちばん好きですか。
- ▶おうちで、あなたが担当しているお手伝いはありますか。それはどんなことですか。
- ▶ピアノを習っているそうですが、好きな曲はなんですか（習いごとがある場合、それに合わせた質問になる）。
- ▶（面接の待ち時間に「絵本」を渡されていて）絵本を読んだ感想と、その絵本を知らない人に内容を紹介してください。
- ▶タイムトラベルするとしたら、だれとどの時代に行きたいですか。
- ▶クラスでいじめにあっている人がいるとします。そのときあなたはどうしますか。

■保護者への質問例■

- ▶志望理由を教えてください。
- ▶本校の印象はどうですか。
- ▶本校のことを、どのようにして知りましたか。
- ▶本校を含めて、なぜ中学受験をお考えになったのですか。
- ▶通学に要する時間（通学経路を含む）はどのくらいですか。
- ▶お子さまの長所と短所をあげてください。
- ▶お子さまの性格を教えてください。
- ▶お子さまの特技はなんですか。
- ▶お子さまの名前の由来はなんですか。
- ▶お子さまをほめるのはどんなときですか。
- ▶子育てでとくに留意されていることはなんですか。
- ▶日ごろ、ご家庭でどんな話をしていますか。
- ▶親子のコミュニケーションで気をつけていることはありますか。
- ▶ご家族でお休みの日はどのように過ごしていますか。
- ▶ご家庭でお子さまの果たす役割はどんなことですか。
- ▶ご家庭で決めているルールはなにかありますか。
- ▶（キリスト教主義の学校の場合）本校はキリスト教主義の学校ですが、そのことについては賛同していただけますか。
- ▶お子さまの将来について、保護者としてのご希望はありますか。
- ▶本校への要望はなにかありますか。

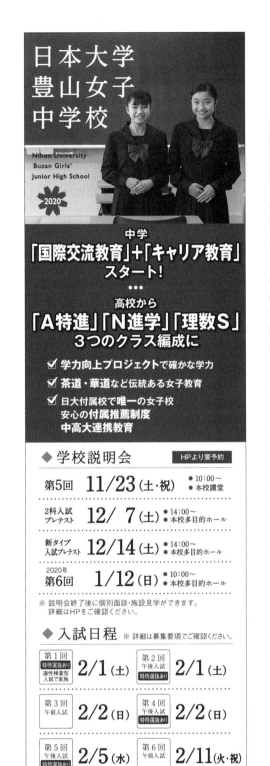

にか言われてしまったら」、と不安を感じるかたもいるようです。

　しかし、保護者面接も、これまで述べてきたように、受験生の面接と変わらず、その結果が合否に直接関係することはありません。やはり保護者面接でも、学校は保護者と話す機会を設け、学校の教育理念を伝えたり、ご家庭の教育方針を聞いたりすることで、入学後のお子さんの成長につなげたいと考えているということが大きな動機だからです。

　そのため、質問も「その学校を志望した理由」「お子さんを育てられるうえでとくに留意なさっていること」「入学後の学校への希望」といったもので、特別な回答が必要なわけではないのです。

　こちらも、よくなされる質問項目を63ページにまとめてありますので参考にしてください。むしろ、入学前に先生がたと話し、そのようす、雰囲気を知る機会だととらえ、日ごろの思い、考えをご自分の言葉で話すことが大切です。

　ただし、受験生面接とはちがい、保護者面接では、事前に提出した願書やアンケートなどに関する質問をされることもありますから、これらの書類はコピーをとっておき、学校ごとに整理して前日にひととおり目をとおしておくことを忘れないようにしてください。

　なお、各校の入試要項に「保護者は1名でも可」というただし書きがある場合、その文言のとおり、1名でもまったく問題ありません。「1名でもいいが、2名ならより好ましい」という意味ではありませんので、ご安心ください。

4形態

パターンA 受験生のみ↓個人面接

中学入試で最も多く行われている面接パターンです。受験生ひとりに対して、面接官は1～2名で、時間は3～5分と短めです。ひとりのため、不安や緊張を強く感じるかもしれませんが、入退室の方法やイスの座り方など、基本的なことをしっかりと確認しておき、質問には落ちついてハキハキ答えるようにすれば心配ありません。

パターンB 受験生のみ↓グループ面接

受験生3～6名に対して、面接官2～5名で実施されるのがグループ面接です。手をあげて回答したり、討論形式で行われることもありますが、ひとりずつ順番に質問される形式が一般的です。どのような形式の場合でも、ほかの受験生が回答しているときは邪魔をせず静かに聞き、自分の番になったら、落ちついて話すようにしましょう。

面接パターン

パターンC 受験生と保護者

この形式は、受験生と保護者に対して面接官は３～５名の場合が多いです。とくに指示がなければ、保護者の出席は１名でかまいません。この形式では親子関係をみているため、受験生と保護者で回答が食いちがうことのないようにしましょう。また、ありがちですが、受験生への質問に対して、焦って保護者のかたが答えてしまわないように注意が必要です。

パターンD 保護者のみ

保護者のみの場合、一般的に面接官は１～２名です。パターン③同様に、とくに指示がなければ保護者ひとりの出席で問題ありません。おもに聞かれるのは家庭の教育方針や学校の教育方針への理解について。受験生の面接と並行して行われることが多いので、それぞれ異なる回答をしてしまわないように事前によく確認しておくようにしましょう。

社会に貢献できる人材を育成する『R-プログラム』

立正《りっしょう》大学《だいがく》付属《ふぞく》立正《りっしょう》中学校

日蓮聖人の教え「行学二道」を柱とし、勉学への積極的な情熱と豊かな人格の育成を目指す立正大学付属立正中学校・高等学校（以下、立正）。2013年のキャンパス移転を機に、新しい取り組みが着々と生徒の可能性を伸ばしています。

中学のクラス編成

立正では、中学生は周囲からの見守る目が最も必要な時期と捉え、中学3年間は、1クラスを30名程度の少人数で編成しています。さらに学習進度に差がつきやすい数学と英語では習熟度別授業を行い、英会話の授業ではネイティブ教員3名による1クラス10数名の分割授業を行うなど、生徒それぞれに合ったきめ細かな指導を心掛けています。

2年次からは、生徒の希望と成績に応じて、国公立・難関私立大学への進学を目標とする「特別進学クラス」とその他私立大学や立正大学を目指す「進学クラス」に分かれます。

毎日、真剣に授業に取り組んでいます

進級時に本人の希望や成績に応じたクラスの入れ替えを行いながら、原則的に高入生と混ざることなく4年次（高校1年次）まで一貫生のみのシラバスが構築されています。

また、中学の全教室には電子黒板が設置されており、タブレットなどのＩＣＴ機器と連動した、双方向型・対話型のアクティブラーニングも積極的に取り入れています。

進路指導と進路状況

5年次（高校2年次）から高入生と混合となり、生徒それぞれの進路に応じ、特進文系・特進理系と進学文系・進学理系の4コースに分かれ、志望大学への進学を目指します。

立正では、「行ける学校よりも、行きたい学校へ」を進路指導方針とし、生徒の多様な進路選択に対応するために豊富な選択科目を用意しています。また、勉強合宿や長期休暇中の講座、ＡＯ・推薦入試に特化した入試対策講座など、生徒のニーズに合わせた多数の講座を開講しています。

このような取り組みの結果、近年の大学進学実績は堅調に推移しており、毎年約8割の生徒が立正大学以外の外部大学へ進学しています。

『R-プログラム』で社会人力を養う

「2013年の校舎移転を機に本校の校是でもある日蓮聖人の三大誓願（※）の心に立ち戻り、中等教育の本来あるべき姿とは大学へ送り出すための学習カリキュラムだけを行うのではなく、社会に貢献できる人材を育成することであると考え、この『R-プログラム』を実施するに至りました」と入試広報部長の今田正利先生は語ります。

※日蓮聖人の三大誓願
「我れ日本の柱とならむ、我れ日本の眼目とならむ、我れ日本の大船とならむ」

『R-プログラム』スピーチの様子。皆、真剣です

この『R-プログラム』とは、Research（自ら進んで調べる力）、Read（主張や要点を読み取る力）、Report（意思や結果を正確に伝える力）の3つのスキルを伸ばすための立正独自のもので、主な取り組みは次のようなものです。

『コラムリーディング&スピーチ』

毎朝20分のSHRを活用し、新聞等のコラムを読み、自分の感想や意見を200字程度にまとめ、一人1分間の発表を行うプログラムです。学年が進むごとにコラムを時事的なテーマへと移行し、LHRで3分間スピーチにチャレンジしたり、クラス内でディスカッションやディベートを行ったりと少しずつ難易度を上げていきます。これにより文章の読解力・要約力、プレゼン力そして自分と異なる意見を受け入れる姿勢などが養われます。

町工場での職場体験、先端技術に触れることもできます

『読書ノート&リーディングマラソン』

『読書ノート』は生徒に配付しているノートで、読んだ本の書名、ページ量、感想などを記入することで「考えながら読む」習慣を身につけます。また、1年間を3期に分け、クラス対抗でどれだけのページ数を読んだかを競う「リーディングマラソン」を開催し、読書の動機づけを行います。昨年度、3年次の年間読書量の平均は約2500ページでした。

『キャリアプログラム』

『R-プログラム』では、1年次から『キャリアプログラム』を実施しています。

1年次に行われる卒業生による「職業講話」から始まり、2年次、3年次の「職場体験」と学年が上がるごとに実践的なプログラムとなっています。

特に3年次のインターンシップ（3日間）では、企業で行われる会議に参加したり、店頭に立ったりと実際の仕事を体験します。事前打ち合わせから企業訪問まですべて生徒たちだけで行うため、企業の方から注意を受ける生徒もいます。また、体験した現実の仕事と想像とのギャップに戸惑う生徒も少なくありませんが、それも社会経験の一つとなり、将来の目標を決めるための糧になると考えています。体験後には、一人ひとりが「体験報告会」でプレゼンを行い、様々な体験談と将来の目標を発表します。

「立正では、これらのプログラムを6年間という一貫教育の利点を活かし、反省と見直しを繰り返しながら継続して取り組むことに意義があると考えています。このプログラムを行うことで、生徒たちは自らアクティブラーニングを行い、プレゼンテーション力を養うことができます。この力は大学進学後、そして社会人となったときに必ず自分自身を支え、助ける力になると確信しています」

（入試広報部長　今田正利先生）

立正大学付属立正中学校
[共学校]
〒143-8557 東京都大田区西馬込1-5-1
TEL：03-6303-7683
URL：http://www.rissho-hs.ac.jp
アクセス：都営浅草線
「西馬込駅」西口下車徒歩5分
※JR線「大崎駅」からスクールバス有
■学校説明会（要Web予約）
12月 8日（日） 9：30～
12月21日（土）14：00～
※両日とも入試問題解説会を実施
1月11日（土）10：00～
※授業見学を実施

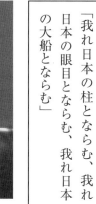

風邪よさらば！
体調管理は万全に

万全の状態で試験当日を迎えるためにも、体調管理はとても重要です。このページでは、入試が直前に迫ってきたこの時期に気をつけたい病気とその症状、予防法についてご紹介します。

医療法人社団裕健会理事長　神田クリニック院長　馬渕 浩輔

1 インフルエンザ

　受験生やそのご家族にとって最も避けたい病気のひとつ、インフルエンザ。例年12月～3月に流行するインフルエンザウイルスによって引き起こされる病気で、A型、B型、C型、新型に分類できます。このうち、A型、B型、新型の3つは大きな流行をもたらしますが、C型は軽症の場合がほとんどです。

　インフルエンザと風邪《かぜ》は、急激な発熱があるかどうかに大きなちがいがあります。インフルエンザは38度以上の高熱に加え、悪寒や激しい関節痛などの全身症状に見舞われます。適切に治療を行わないと1週間ほど熱がつづき、悪化すると、さまざまな合併症を引き起こす可能性があるので注意が必要です。では実際にインフルエンザにかかったらどうすればいいのか、また、その予防法についてもみていきましょう。

発症したら…？

　インフルエンザの潜伏期間は1～4日程度といわれ、発症から48時間以内に抗インフルエンザ薬を投与することで症状を大きく改善でき、熱に関してはほとんどの場合、2～3日で下がります。もし急な発熱があったときは、できるだけ早く医療機関を受診してください。

　発熱やのどの痛みといった症状は、市販薬で和らげられますが、それでは根本的な治療にはなりませんから、発症後48時間経っていてもかならず医師の診察を受けましょう。症状が重ければ医師の判断で抗インフルエンザ薬を投与することもありますし、抗インフルエンザ薬を投与しなくとも症状を緩和する治療が行われます。なお、解熱剤の使用には注意が必要（後述）ですから、医師の指示にしたがってください。

　そして、しっかり食事をして栄養をとらなければ免疫力が低下し、ウイルスを身体から追いだす力も弱くなってしまいます。高熱で寝こんでいたとしても食事は欠かさないことが大切です。

投薬

　インフルエンザ治療薬は、内服薬のタミフル、吸入薬のリレンザ、イナビル、点滴薬のラピアクタの4種類に加えて、昨年からゾフルーザという内服薬が発売されました。

　タミフル、リレンザ、イナビル、ラピアクタなどは「ノイラミニダーゼ阻害剤」という種類で、細胞内で増えたウイルスが細胞から外にでるプロセスをはばむことで、周囲の細胞に感染が広がるのを防ぎます。

一方、ゾフルーザは「キャップ依存性エンドヌクレアーゼ阻害剤」と呼ばれる種類の薬で、細胞内でウイルスそのものが増えないようにする働きがあります。1回の内服のみで治療が終了するという画期的な薬で、今後のインフルエンザ治療薬の主流になってくるでしょう。

ゾフルーザ以外に1回の治療ですむ治療薬として、吸入薬のイナビル、点滴薬のラピアクタがあります。早期になおす必要のある受験生は、医師と相談のうえ、使用が簡便なゾフルーザ、イナビルでの治療がいいと考えられます。

予防ワクチン

インフルエンザの予防に最も効果的だとされているのがワクチンの接種です。近年はA・B・新型の3種混合のワクチンを接種可能ですから、新型を改めて接種する必要はなくなっています。ただ、13歳以下のお子さんは免疫力が低いことから、2回打つ必要があります。

また、これまで3価（A型2株、B型1株）であったワクチンが、2015〜2016年のシーズンから日本でも4価（A型（ソ連型・香港型）、B型（山形系統・ビクトリア系統））のワクチンが使われるようになりました。抗ウイルス薬に耐性を持ったインフルエンザウイルスも出現していますが、4価のインフルエンザワクチンによって流行するインフルエンザのタイプをかなり網羅できるので、予防接種を受けることをおすすめします。

ワクチンは接種後約2週間で効果がでて、有効期間は約5カ月といわれています。そのため、中学受験をする予定のご家庭では、年内のできるだけ早いうちに1回目を打ち、年明けの1月に2回目を打つようにしたいものです。ワクチンが不足する可能性もあるので、早いうちに医療機関に確認してみてください。

完治の目安

早めに抗インフルエンザ薬を投与すれば、発症から2〜3日で解熱でき、その後、関節の痛みもとれてきます。とはいっても、それで完治したと考えてはいけません。

抗インフルエンザ薬の使用によりウイルスは急速に減りますが、けっして「ゼロ」になるわけではありません。インフルエンザは完治までに原則、発症翌日から7日間、そして解熱後2日間かかるといわれています。症状がおさまったからといって安易に外出すると、ウイルスをまき散らしてしまうことになるので、外出は控えましょう。

注意したいポイント

前述しましたが、解熱剤の使用には注意が必要で、インフルエンザによる高熱を下げようと、ロキソニンやアスピリンなどの解熱剤は絶対に使用してはいけません。副作用として、脳症など脳の問題を引き起こすことがあるからです。どうしても解熱剤が必要な場合は医療機関で医師の診断を受けたうえで、アセトアミノフェン（商品名：カロナール）などを処方してもらいましょう。

2 風邪

RSウイルスやアデノウイルス、ライノウイルスなどの感染症を総称した「風邪症候群」。これがいわゆる「風邪」のことをさします。おもな症状は、鼻水、鼻づまり、咳《せき》、痰《たん》、のどの痛みなどで、熱がでてもインフルエンザのようにそこまで高熱にはならないでしょう。もし、1週間以上こうした症状がつづく場合は、別の病気の可能性もでてきます。

　前述のウイルスのなかで、最近はRSウイルスが流行しています。小さなお子さんがRSウイルスにかかると、ときに重症化することがあります。中学受験生ぐらいならば重症化のおそれは少ないですが、咳や発熱がひどい場合は医療機関を受診しましょう。

　風邪は、インフルエンザとちがって抗ウイルス薬はなく、ほとんどの場合自然に治りますから、身体をよく休め、睡眠と食事（栄養）をきちんととりましょう。また、脱水症状にならないよう、しっかりと水分補給をすることも重要です。

3 マイコプラズマ肺炎・百日咳

　風邪だと思っていたのに、1～2週間、咳がおさまらないときは、マイコプラズマ肺炎や百日咳《ひゃくにちぜき》の可能性が考えられますから、医療機関を受診するようにしましょう。

　乾いた咳がつづくのがおもな症状ですが、微熱をともない、それが長引くこともあります。悪化すると、肺炎や髄膜炎《ずいまくえん》になる場合もありますから、注意が必要です。

4 ウイルス性腸炎

　ノロウイルスやロタウイルス、アデノウイルスなどが原因のウイルス性の腸炎にも要注意です。おもな症状は、急激な吐き気、おう吐、腹痛、下痢などです。

　なかでも有名なノロウイルスは、カキなどの二枚貝に存在するといわれていますが、貝類を食べなければ大丈夫、というわけではありません。これらのウイルスは吐物や便器、水道の蛇口などに付着していることが多いため、そのような場所をつねに清潔にしておくことが予防につながります。

もしも風邪をひいてしまったら？

Q どの程度の症状ならば、市販薬で大丈夫なのでしょうか。

A 鼻水、咳、痰がでる程度であれば、市販薬でも最初は問題ないでしょう。しかし、市販薬を2～3日飲みつづけても症状が改善しないようであれば、医療機関を受診し、医師の診察を受けることをおすすめします。

Q 水分はどれぐらいとればいいのでしょうか。

A お子さんの尿の回数が減ってきたり、尿の色が濃くなってきたら、脱水を起こしている可能性があります。そうしたお子さんのようすを見落とさないよう、保護者のかたは注意しましょう。脱水症状を引き起こさないために欠かせないのが、水分補給です。発熱している場合は、水だけで少なくとも1日に1.5Ｌはとるようにしてください。

Q お風呂には入らない方がいいですよね？

A 風邪をひいたからといって、絶対にお風呂に入ってはいけないということはありません。高熱の場合は避けた方がいいと思いますが、37度程度の微熱であれば、汗を流して身体を清潔にするために、お風呂に入るのはかまいません。ただし長風呂にはならないよう、気をつけてください。

Q 病院の待合室などで病気に感染することがあると聞きました。なにか対策法があれば教えてください。

A これからの時期、小児科には多くの患者さんが来るため、病院の待合室で感染することも考えられます。
ですから、熱がかなり高い場合や、インフルエンザの可能性がある場合は、直接病院に行く前に、まずは電話などでどのような対策を取ればいいか相談してみるといいでしょう。
また、そこまで症状がひどくない場合も、待ち時間が長くなってしまう問題があるので、やはりまずは電話してみることをおすすめします。なお、対応は医療機関ごとにちがいがありますので、そのつど確認をとるようにしてください。

病気予防 5つのポイント

インフルエンザや風邪は飛沫感染（※）するため、学校や電車、バスなどの人が多くいるところでできるだけくしゃみや咳を直接浴びないようにすることが大切です。最後にこれらの病気の予防法を学んでおきましょう。

※咳やくしゃみなどによって飛び散ったウイルスを吸いこむことで感染すること

予防法① 手洗いはすみずみまで

外出先でいろいろなものに触れた手指にはさまざまな菌が付着していますから、家に帰ったら手洗いをしっかりすることが大切です。指や手のひらだけでなく、指と指の間など、細かい部分もきちんと洗いましょう。

予防法② しっかりとうがい

帰宅後、手洗いといっしょに習慣化しておきたいのがうがいです。市販されているうがい薬（「イソジン」など）をかならず使わなければならないということはなく、真水でもじゅうぶん効果があります。

予防法③ タオルの共有はNG

タオルを共有していると、手洗いやうがいが不十分でタオルに菌がついてしまった場合、家族内で感染するおそれがあります。家族それぞれ別々のタオルを使うか、ペーパータオルを用意しましょう。

予防法④ マスクを常備

ウイルスはとても小さいのでマスクの穴をとおることもありますが、飛沫を直接浴びるのを防ぐことができます。また、マスクでのどの湿度をあげれば、乾燥を好むインフルエンザウイルスの予防にもつながります。

予防法⑤ 室内の加湿

のどや鼻の粘膜が乾くと、ウイルスなどを防ぐ身体の働きが弱まってしまいます。加湿器がなくても器に水を張ったり、室内に洗濯物を干したりと工夫をすれば代用できるので、いろいろと試してみてください。

笑顔でかけてあげたい「ひと言」とは

受験当日の 声かけマジック

「試験の日の朝、どんな声かけをしたらいいのでしょうか」。直前のこの時期になると、お父さん、お母さんからの質問で多くなるのが、この「声かけ」の質問です。とくに、第1回の試験の朝は、子どもの緊張が親にも伝わってくるはずです。その情景を想像して、いまから心配になるのも無理はありません。そこで、受験当日の「声かけマジック」と題して、どんな言葉を受験生にかければ効果的なのか、を考えてみます。

家族でいつもと変わらぬ和気あいあいの朝を

入試当日、朝起きた受験生にとって心強いのは、なんといってもご両親の笑顔です。

入試の寒い朝は、わが子のことが心配でたまりませんから、ついつい表情もこわばりがちになります。しかし、それではいけません。朝、鏡に向かったときに、ちょっと口角を上げて、子どもが安心できる笑顔をつくってください。

きょう、生まれて初めて、しかも最も緊張を強いられる「入試」にのぞむわが子が、気分よく一日を過ごせるよう、兄弟姉妹を含めて和気あいあいと、いつもの「家族の朝」をつくりだしてほしいと思います。

そして、お子さんが持てる力を発揮できることを信じて、温かく送りだしてあげてください。

さらにいえば、「よし、やるぞ」「大丈夫だ！」と自らモチベーションを高めて学校に向かってくれれば、それで声かけは成功です。

朝ごはんもいつもと同じでかまいません。とくに「好きなものを」と気負う必要もありませんが、やっぱり嫌いなものは避けましょう（笑）。

試験の日だからといって、特別にちがったことをする必要はありません。そんなことをすれば、受験生をかえって緊張させてしまいます。

さて、当日、自宅をでる前や、入試会場で保護者と受験生が別れる直前に、親は子どもにどんな言葉をかけたらいいのか、保護者は心配かもしれません。

要は、本人がリラックスして入試会場に向かえるように、「ふだんどおり」を心がければいいのです。

試験にはお母さんがついていき、お父さんは会社に、という場合もあるでしょう。お父さんは玄関で声をかけることになります。そんなときのお父さんは「いつもどおりにな！」のひと言でいいのです。

入試会場で別れるときのお母さんにしても、具体的には「がんばれ」の言葉よりも、満面の笑顔で「大丈夫よ」と言ってあげた方がどんなに力になるかわかりません。

お子さんは、赤ちゃんのときからご父母の笑顔にかこまれ、「安心」を身体全体で感じて、笑顔を返してくれましたよね。まさにそれ、笑顔がお子さんのリラックスを呼び、いつもと変わらない精神状態で試験に向かわせることができるのです。そのやりとりは、これまでの12年間、親子のきずなとなってお子さんの身にしみついています。身体で心で、それを思いださせてあげればいいのです。

では、具体的にどんな言葉をかけてあげたらいいでしょう。入試当日までできたら、もう、やるべきことはすべて終えています。あとは「なにが起きても大丈夫」とデンとかまえて、お子さんと話しましょう。

「試験問題を楽しんできてね」という「声かけ」をしたかたもおられます。「大丈夫！」とだけ、声をかけたかたもいます。「ここで待ってるからね」という言葉で安心感を与えたかたもいらっしゃいます。

親子が別れる場所はどこなのか調べておく

さて、入試当日、保護者がどこで受験生と別れることになるのかは、学校によってちがいます。

心の準備が足りず、いつのまにか別れてしまい、声をかける間もなく、子どもの背中しか見られなかった、というのではお父さん、お母さんにも悔いが残ります。

あわてていると「言葉足らず」になりがちで、保護者にとっても心残りにつながるというわけです。

その志望校の先輩受験生や塾の先生に、どこで親子が別れることになるのか、を聞いておくにこしたことはありません。

さて、そのときかける言葉はどんなものになるでしょう。イメージできてきましたか。

「ファイト！」「しっかり！」「ベストをつくせばそれでいいのよ」など、短い言葉しかかけられなかったとしても、心がこもっていればお子さんの心には、じゅうぶん響くはずです。

ただ強く言いすぎて、プレッシャーをかける言い方にならないように気をつけましょう。

「あなたの努力は知ってるよ。思いっきりやれば大丈夫」もいいですね。ぜひ、これまでの努力を認める言葉で送りだしてあげてください。

なによりの贈りものは満面の笑顔

そのとき、お父さん、お母さんは、会場に向かうお子さんの背中を、まさに万感の思いで見送られることでしょう。まだ合否がでているわけでもないのに、この2年、そしてこの1年、さらにこの1カ月のお子さんの努力や、ともにした苦労が、まさに走馬燈のように心をめぐって、目頭が熱くなることもあるでしょう。

その瞬間は、お子さんの成長をしっかりと感じとれる時間でもあります。もう胸がいっぱいです。

結局は、結果はどうあれ、「きょう、すべてをだしきってきなさい」という気持ちになりますよね。その思いを笑顔にこめましょう。それが声かけの極意です。

そして、入試を終えて、待ち合わせ場所に現れたお子さんがどんな表情をしていようと、また、満面の笑顔で迎えてあげてください。

もうおわかりでしょう。このコーナーのタイトル「声かけマジック」の「マジックのタネ」とは、そうその「笑顔」なのです。

不安を解消！
試験当日の心得

直前期のいま、試験当日のことを考えて、さまざまな不安を感じているかたもいるのではないでしょうか。そんなみなさんの不安を解消するためのコーナーです。13のQ&Aを用意しましたので、ぜひ読んでみてください。

Question 1

試験当日は
何時ごろに起きるべきですか

Answer 1

試験開始３時間前には
起床しましょう

みなさんのなかには、夜遅くまで勉強するのは平気だけど、朝早く起きるのは苦手、という人もいるでしょう。しかし、一般的に、脳が活発に活動し始めるのは起床から３時間後くらいといわれています。そのことを考え、試験開始時間から逆算して起きる時間を決めてください。

「試験当日だけ早起きするからいいよ」と思う人もいるかもしれませんが、それでは睡眠不足になってしまい、頭がじゅうぶんに働いていない状態で試験にのぞむことになってしまいます。

ですから、いまの時期から徐々に朝型にかえていくことをおすすめします。少しずつ就寝時間と起床時間を早めていき、遅くとも冬期講習が始まるころまでには、早寝早起きの生活に慣れておくようにしましょう。

Question 2

自家用車で送ってあげた方が子どもの負担が軽いかと…

Answer 2

会場には公共交通機関で向かいましょう

満員電車を避けるためにも、自家用車で学校まで送ってあげよう、と考えている保護者のかたはいませんか。受験生の負担を減らし、少しでもいい状態で試験にのぞませてあげたいという気持ちはじゅうぶんに理解できます。

しかし、多くの学校は「車での送迎は控え、公共交通機関を利用してほしい」と事前に告知しています。もし、自家用車で学校へ向かったときに渋滞に巻きこまれてしまっても、Ｑ３で述べるような公共交通機関以外の遅れは、多くの学校で遅延理由として認められていません。

また、そうしたハプニングが、受験生のメンタルに悪影響をおよぼすことも考えられます。くれぐれも自家用車での送迎は控え、公共交通機関を利用しましょう。

Question 3

電車が遅れていたらパニックになりそうです

Answer 3

あわてずに落ちつくことが大切

試験会場へは公共交通機関である電車やバスを使って向かうというのは、Ｑ２でお伝えしたとおりです。しかし、試験当日、悪天候やトラブルによって運行ダイヤが乱れてしまう可能性もあります。「試験に間に合わない」とあわててしまうかもしれませんが、まずは落ちつくことが大切です。駅員が遅延証明書を配っていたらもらってください。

こうした不測の事態に対し、各校は適切に対応してくれるはずですから、落ちついて会場へ向かいましょう。ただし、対応は学校によって異なり、遅れたぶんの時間をすべて繰り下げて試験を実施してくれるとはかぎりません。

ですから、いざというときに備え、あらかじめ集合時間の30分くらい前には試験会場へ到着するようにスケジュールを立てておくと安心です。

Question 4

試験当日は受験生ひとりで向かわせていいのでしょうか

4 Answer

できるだけ保護者がいっしょに行きましょう

受験生は試験当日、さまざまな不安を感じているはずです。慣れない交通機関を使い、場合によっては、通勤・通学ラッシュで満員電車に乗ることになるかもしれません。また、Q3のように、運行ダイヤが乱れてしまうことも考えられます。そんなとき、保護者のかたがそばにいてくれたら、受験生にとってはとても心強く、安心して会場に向かうことができるでしょう。

もし、まわりの受験生は保護者といっしょに来ているのに、自分だけひとり、という場合には心細さが増してしまいます。中学生になればひとりで登校することになりますが、入試の時点ではまだ小学生です。余計な不安を感じることなく入試にのぞめるよう、ひとりでは行かせず、できるだけつきそってあげてください。

Question 5

つきそった場合はどこで待つのでしょうか

5 Answer

控え室があればそこで待機 ない場合もあるので注意を

受験生につきそってきた保護者向けの控え室や待機スペースが設けられている学校の場合は、試験終了までそこで過ごします。試験は何科目もあり長時間になりますので、あらかじめ待ち時間を過ごすための本などを持参していくといいでしょう。

ただ、受験生の数が多いと、つきそいの保護者全員が控え室に入りきらないことも考えられます。また、地方の私立中学校（寮完備）の首都圏入試や、首都圏の学校でも学校以外を会場とする試験回などでは、控え室自体が用意されていないこともありますので、注意してください。

そうした場合は、試験会場以外の場所で待機することになるので、事前にお子さんと話しあい、試験終了後にどこで待ちあわせるのかを決めておくことをおすすめします。

Question 6

当日体調を崩したら どうしようかと不安です

Answer 6

多くの学校で別室受験が可能 無理せず申しでましょう

　マスクをして風邪《かぜ》予防をしたり、病院で予防接種を受けたりと、どのご家庭でも健康管理には細心の注意を払っていると思います。しかし、それでも入試当日、具合が悪くなってしまうこともあるでしょう。

　多くの学校では、そうした受験生のために、保健室などの別室を用意しています。たとえ別室で受験したとしても、試験時間が短くなったり、合否に影響がでることはありません。ですから、体調を崩している場合は無理をせず、すぐに会場にいる先生に相談しましょう。

　また、咳《せき》などがひどく、ほかの受験生に影響があると判断された場合は、学校側から別室受験をすすめられることもあります。その場合は、学校の指示にしたがってください。

Question 7

休み時間は友だちと 話してもいいですか

Answer 7

ひとりで落ちついて 気持ちを切り替える時間に

　友だちが同じ会場にいる場合、終わった科目について答えあわせをしたくなってしまうものです。しかし、もし、自分が解けなかった問題を友だちが解けていたり、答えが異なっていたりすると、お互いに動揺してしまい、つぎの科目に悪影響を与えることにもなりかねません。休み時間は、ひとりで落ちついて過ごしましょう。

　そして、たとえ手応えのない科目があったとしても、つぎの科目に目を向け、休み時間の間に気持ちを切り替えておきます。合否は、すべての科目の合計で判断されますから、ほかの科目で挽回すればいいのです。

　また、トイレに行っておくのも忘れずに。時間が経つと混んでしまうことが多いので、早めにすませておきましょう。

Question 8

どんなお弁当を持たせるのがおすすめですか

Answer 8

食べきれる量であることと消化のいいものを

午前に引きつづき、午後にも試験がある場合、お弁当を持っていくことになります。

受験生にがんばってもらいたいという応援の気持ちから、豪華なお弁当をつくろうとしている保護者のかたもいるでしょう。しかし、受験生は緊張や不安から、ふだんよりも食欲がないことも考えられます。量はいつもと同じ、もしくは少なめでもいいかもしれません。そしておかずは胃もたれを起こさないように、消化のいいものを入れるのがポイントです。

入試は寒い時期に行われるので、お茶やスープなど、温かいものを持っていくのもおすすめです。身体だけでなく心も温まり、緊張もやわらぐでしょう。保温機能がついた水筒に入れてもたせてあげてください。

Question 9

午後入試を受けるか迷っています

Answer 9

メリットもありますが負担も大きくなります

午後入試を導入する学校は年々増えています。

試験日がかぎられているなか、午後入試を受ければ、１日に２校受験することができるので魅力的に感じられます。

ただ、受験に対する不安や緊張、そして、慣れない交通機関での移動などで、受験生には大きな負担がかかっています。午後入試を受けると、その負担も２倍になります。

また、２校とも当日の夜に合格発表が行われ、どちらも残念な結果になってしまった場合、精神的に大きなダメージを受けることも考えられます。

このように、午後入試はメリット、デメリット、どちらの方が大きいとは一概にはいえません。お子さんの性格や体力などを考慮し、本人とよく相談したうえで決めるようにしましょう。

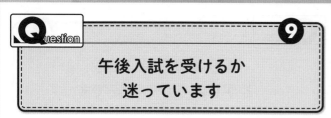

Question 10

試験がうまくいかなかった場合
どのように接するべきですか

10 Answer

受験生の気持ちに寄りそい
明るく励ましてください

試験を終えた受験生が戻ってきたら、保護者のかたは明るく出迎えてあげてください。たとえ、「うまくいかなかった、きっと不合格だ」と落ちこんでいたとしても同じです。

そうした姿を見ると、保護者のかたも落ちこんでしまい、ついつい「あれだけ勉強したのにどうしてできなかったの」と責めたくなってしまうかもしれません。しかし、忘れてはいけないのが、いちばんつらく悔しい思いをしているのは受験生本人だということです。

保護者のかたは、気持ちをぐっとこらえ、できた部分をほめ、「まだ結果はわからないよ」とポジティブな言葉で受験生を励ましましょう。お子さんの心に寄りそい支えてあげることが、つぎの試験で力をだしきることにつながります。

Question 11

試験が終わった夜は
勉強した方がいいですか

11 Answer

つぎの試験に向けて
心と身体を休めましょう

首都圏の私立中学入試は、日をおかず連続して行われるのが特徴です。そのため、つぎの試験に備えて勉強したいという気持ちもあると思いますが、試験当日は自身で感じている以上に疲れています。ハードスケジュールを乗りきるためにも、試験を終えた夜は、心と身体を休めることを優先させましょう。

じゅうぶんに休んだうえで、それでも時間に余裕があるようなら、軽く勉強してもかまいません。ただ、当日の試験がうまくいかなかった場合に、長い時間をかけて復習するというのはおすすめしません。気になるところの確認や重要事項の見直しなど、あまり負担にならない程度にしましょう。

試験当日の夜は、身体に疲れをためることなく、つぎの試験に向けて気持ちを切り替えるリフレッシュの時間として使ってください。

Question 12

合格発表を見るときの注意点はありますか

12 Answer

一喜一憂せず切り替えが重要です

合格発表を見る際に重要なのは、その結果に一喜一憂しないことです。

年々、試験当日に、ホームページ上で合格発表をする学校が増えています。合否は気になるものですから、確認してもかまいませんが、翌日に試験を控えている場合はとくに注意してください。

合格だった場合は、うれしさから気持ちが高ぶってなかなか寝つけず、睡眠不足になってしまうこともありえます。不合格の場合は、落ちこんだ気持ちを引きずり、それが翌日の試験にひびいてしまう可能性もあります。

どちらの結果であったとしても「終わったことは終わったこと」として、気持ちを切り替えることが重要です。つぎの試験を万全の状態で迎えるためにも、結果に振り回されないことを肝に銘じましょう。

Question 13

万が一、受験票を忘れてしまったら…

13 Answer

取りに戻れない場合は先生に相談を

受験票は忘れてはならないものです。しかし、忘れてしまうことや他校のものをまちがえて持っていってしまう可能性もゼロではありません。

もし、受験票を忘れたことに気づいたのが、出発後すぐであれば、取りに戻ってもかまいません。ただ、すでに電車に乗っていたなどの場合は、遅刻をしないためにも、そのまま学校へ向かいましょう。状況によってとるべき行動を判断してください。

会場に到着したら、係の先生に相談します。受験票を忘れたことが合否に影響することはなく、多くの場合は、そのまま受験できるでしょう。

万が一、受験票を忘れた場合は上記のように対応しますが、忘れものをしないためにも、左ページの「持ちものチェックリスト」を受験校分コピーして活用してください。

月　　日(　)

中学校用　　受験番号

項　目	必要	チェック	備　考
受験票			他校のものとまちがえないこと
筆記用具			鉛筆・ＨＢを６～８本。鉛筆をまとめる輪ゴム。小さな鉛筆削りも。シャープペンシルは芯を確認して２本以上
消しゴム			良質のものを３個。筆箱とポケット、カバンにも
コンパス			指示があればそれに従う
三角定規			指示があればそれに従う
参考書・ノート類			空いた時間のチェック用。お守りがわりにも
当該校の学校案内			面接の待ち時間に目をとおしておくとよい
メモ帳			小さなもの。白紙２～３枚でも可
腕時計			電池を確認。アラームは鳴らないようにしておく
お弁当			食べものの汁が流れないように。量も多すぎないように
飲みもの			温かいお茶などがよい
大きな袋			コートなどを入れて足元に
ハンカチ・タオル			２枚は必要。雨・雪のときはタオル２枚も
ティッシュペーパー			ポケットとカバンのなか両方に
替えソックス			雨・雪のときの必需品
カバン			紙袋は不可。使い慣れたものを。雨のとき、カバンがすっぽり入るビニール袋も便利
お　金			交通費等。つきそいだけでなく本人も
交通系ICカード			Suica、PASMOなど。バスや電車の乗りかえに便利
電話番号 （なんらかの 事態発生時のため）			受験校（　　　　　　　　　　） 塾（　　　　　　　　　　） 家族携帯（　　　　　　　　　　）
上ばき			スリッパは不可。はき慣れたものを
雨　具			雨天の場合、傘をすっぽり入れられるビニール袋も
お守り			必要なら
のどあめ			必要なら
携帯電話（保護者）			緊急連絡用。ただし試験場には持ちこまない
願書のコピー （保護者）			面接前にチェック。願書に書いた内容を聞かれることが多い
ビニール袋			下足を入れたりするのに便利
カイロ			使わなくとも持っていれば安心
マスク			風邪の予防には、やっぱりこれ

＊必要受験校数をコピーしてご利用ください。

中学受験

2020年度大学入試改革の狙いに対応

問題発見・解決型パズル×40

適性検査の考え方に即した出題も

公立中高一貫校受検にも対応

ことわざや慣用句は、中学受験のポイントとして大切な学びです。この本では、さまざまなタイプの「言葉パズル」を解くことで、ことわざや慣用句が知らずしらずのうちに覚えられるように工夫されています。

解き方は、わからない部分を発見し、解決するために、ほかのキーワードをみつけて解いていく「問題発見・解決型」です。意味や言い回しがキーワードになってはじめて、パズルが解けるようになっているのです。

また、国語の得点力アップに欠かせない入試頻出のことわざや慣用句は、くりかえしでてくるように仕掛けられており、いつのまにか定着してしまいます。

パズルDE合格シリーズ ことわざパズル 慣用句も覚えられる

やまじ もとひろ 著　A５判　128ページ　並製本　定価1,200円＋税

全国書店、ネット書店、弊社ホームページよりお買い求めください。

株式会社 グローバル教育出版
東京都千代田区内神田２－５－２ 信交会ビル3F
電話03-3253-5944　Fax 03-3253-5945
http://www.g-ap.com/

合格カレンダーをつくろう

●家族が動くためのスケジュールづくり

早くも、本番直前という季節を迎えました。

この時期の保護者のみなさんには、子どものための「過去問整理作業」などの仕事がありますが、そのほかに重大な任務が課されます。

それが「合格カレンダー」づくりです。合格カレンダーとは、つぎのページでしめしたような入試スケジュール表のことです。市販もされていますが、つぎのページを参考にして、ご自分で使いやすいものをつくることもおすすめです。

この「合格カレンダー」はつくって貼って終わりではなく、最大の目的は、ご家族がこのスケジュールによって動くところにあります。同日に２カ所に行かなければならない場合もでてきます。その日に向けて、仕事の休みを取るようにしなければなりません。共働きの場合は、なるべく早くスケジュールをつくって、勤務調整をしましょう。

●複数受験をするから必要な日程吟味作業

中学受験では、いくつかの学校を受ける場合がほとんどです。ある志望校を何回も受けることもあります。

各学校には、それぞれ出願、入学試験、合格発表、入学手続きの日が設けられており、かぎられた約１週間の間に、つぎつぎと締め切り日がやってきます。

ある学校の入試日と、別の学校の合格発表が重なることはごく当然に起こりえます。

日程を整理し、理解しておかないと思わぬアクシデントにつながります。とくに、合格発表日と他校の入学手続き締め切り日が重なる場合は、それこそ30分、１時間のうちに結論をだしてつぎの行動に移らなければなりません。

手続きを延ばし、入学金の延納を認める学校がほとんどになってきましたが、全部の学校がそうというわけでもありませんし、全額返金という学校は少数です。

その日は、だれがどう行動するかなど、家族間で細かく打ち合わせておくことが大切です。

その日になって「A校の合格発表を見てから向かったのでは、B校の入学手続きに間に合わない」ことがわかって大あわてしたなどのミスを防ぐのに役立つのが、入試スケジュールを管理する、この「合格カレンダー」です。

つぎのページに「合格カレンダー」の見本があります。

左のページを拡大コピーして、右ページの見本のように書きこんで使います。横軸が時間軸、縦軸が学校です。

「合格カレンダー」を作成しておけば、どこの学校のどんな日程が、他校のなにと重複しているかが一目瞭然となり、ミスを防ぐことができます。また、家族で手分けする必要がある日程を洗いだすこともできます。

下にあげたこと以外にも備忘録として、気になることはそのつど書きこみます。そして、このカレンダーは、ご家族全員がひと目でわかるように居間などに貼り、みんなで情報を共有することが大切です。

●合格カレンダーに書きこむべきおもなことがら

「出願」は持参か郵送かネットか、それぞれ、いつ、だれが実行するかも決めて記します。

「複数回同時出願」の場合の受験料、返金の有無など。

「入試当日」の集合時刻と終了予定時刻、とくに持参するものがあればそれも。

「面接」の有無、その集合時刻。

「合格発表」の日と時刻、インターネット発表の時刻。

「入学手続き」の締切日と時刻、入学金の額と納入方法。

「延納」の有無。

「返納金」について。入学手続き後の返金制度の有無、その申し出期限。

「登校日」入学手続き後に登校日が設定してある場合、その日登校しないと、入学辞退とみなされる学校があるので要注意。

そして、それぞれの日にお父さん、お母さんがどこに行ってなにをすべきなのか、前もって、よく話しあって書きこんでおきます。

各校の要項をよく見て書きこもう！（実際には左ページを拡大して書きこみます）

記入例 2020年合格カレンダー(受験予定表)

志望校名	A中1次	B中	C中2回	D中2回	C中3回
学校最寄駅 学校電話番号	千埼駅 04＊＊－＊＊＊＊	合格駅 9876－＊＊＊＊	希望駅 5555－＊＊＊＊	未来駅 1212－＊＊＊＊	希望駅 5555－＊＊＊＊
出願期間	ネット12月17日から 1月16日15時まで	1月10日9時から 1月21日15時まで	1月10日9時から 1月29日20時まで	1月10日9時から 2月1日16時まで	1月20日9時から 2月3日15時まで
出願日	12月17日ネット出願 担当：父	1月10日ネット出願 担当：母	1月20日ネット出願 担当：父	1月22日ネット出願 担当：母	
1月20日（月）	試験日（母） 集合：8時20分 解散：12時45分				
1月22日（水）	合格発表日 13時掲示 ネット発表11時				
2月1日（土）		試験日（母） 集合：8時30分 解散：14時30分			
2月2日（日）			試験日（母） 集合：8時20分 解散：12時25分		
2月3日（月）		合格発表日 15時(～17時)掲示	合格発表日 10時ネット	試験日（父） 集合：8時30分 解散：12時30分	※C中2回不合格の場合出願（15時まで）
2月4日（火）		入学手続日 9時～12時 47万円振り込み	入学手続12時まで ※B中の結果次第で入学手続をする	合格発表日 13時ネット	試験日（父・母） 集合：8時20分 解散：12時25分
2月5日（水）				入学手続書類 受け取り 10時から15時	合格発表日 9時ネット 入学手続16時まで
2月6日（木）				入学手続15時まで	
2月7日（金）					
2月11日（火）		入学説明会日 15時 本人同伴			
各校のチェックポイント（備考欄）	※12月16日からネットで志願者登録する ※受験票はネットでプリントし当日持参 ※願書写真は5×4またはデータ登録	※試験日は弁当持参 ※願書写真は4×3を2枚 ※願書に小学校公印が必要	※ネット出願・母も見直しチェック ※手続納入金は現金50万円（辞退すれば24万円返還） ※願書写真は5×4	※願書写真は5×4または4×3 ※手続納入金は現金40万円（辞退後の返金有）	※手続納入金は現金50万円（辞退すれば24万円返還） ※願書写真は5×4

※カレンダーには、〈出願〉は持参か郵送かネット出願か、〈複数回同時出願〉の場合の返金の有無と申出期限、〈試験当日〉の集合時刻と終了予定時刻、持参するもの、〈面接〉の有無・集合時刻、〈合格発表〉の時刻と方法、〈入学手続締切〉の時刻・納入方法と金額（延納の有無）、〈入学手続後〉に納入金の返金制度がある場合には入学辞退の申出期限、手続き後の登校日などを書きこんでください。

※実際にご活用いただく際には、左のページをB4サイズに拡大したうえで何枚か複写してご使用ください。

2020年 合格カレンダー（受験予定表）

志望校名					
学校最寄駅 学校電話番号					
出願期間	月　日　時から 月　日　時まで	月　日　時から 月　日　時まで	月　日　時から 月　日　時まで	月　日　時から 月　日　時まで	月　日　時から 月　日　時まで
出願日					
1月　日（　）					
1月　日（　）					
2月1日（土）					
2月2日（日）					
2月3日（月）					
2月4日（火）					
2月　日（　）					
2月　日（　）					
2月　日（　）					
2月　日（　）					
各校のチェックポイント（備考欄）					

※カレンダーには、〈出願〉は持参か郵送かネット出願か、〈複数回同時出願〉の場合の返金の有無と申出期限、〈試験当日〉の集合時刻と終了予定時刻、持参するもの、〈面接〉の有無・集合時刻、〈合格発表〉の時刻と方法、〈入学手続締切〉の時刻・納入方法と金額（延納の有無）、〈入学手続後〉に納入金の返金制度がある場合には入学辞退の申出期限、手続き後の登校日などを書きこんでください。

※実際にご活用いただく際には、このページをB4サイズに拡大したうえで何枚か複写してご使用ください。

中学受験

知っ得データ

表の見方(表については10月15日までの調査による。問い合わせは各校入試担当まで)

表はおもな私立中学・国立中学を対象に行ったアンケートによる。対象は一般入試。原則として 10 月 15 日までに回答のあった学校を掲載。一部回答表現を略したところもある。無回答の項目は省略／学校名後の◎は共学校●は男子校○は女子校□は別学校／質問項目①入学試験当日の遅刻について認めるか（認める場合試験開始何分までか）②別室・保健室受験の準備はあるか③面接はあるか・あればその比重④合否判定での基準点はあるか・あればどの程度か⑤繰り上げ（補欠）合格はあるか・あればその発表方法は⑥入学手続きの延納・返還制度は⑦来年度 (2020 年度) 入試からの入試変更点

ア

青山学院◎
①20分まで　②可能　③なし　④なし　⑤予定･電話とインターネット　⑥なし　⑦なし

青山学院横浜英和◎
①15分まで　②可能　③なし　④なし　⑤予定･電話　⑥施設費の返還あり　⑦面接を廃止

浅野●
①10分まで　②可能　③なし　④なし　⑤未定･行う場合電話

麻布●
①認めない　②可能　③なし　④なし　⑤予定･電話　⑥なし　⑦なし

足立学園●
①25分まで　②可能　③一般入試第１回のみ実施･かなり重視する　④特別奨学生入試のみあり･８割程度　⑤一般入試のみ予定･電話　⑥2/6　15:00までにwebで延期手続をすれば2/9　正午まで入学手続延期可　⑦一般入試第１回に志入試(第一志望として受験し､志望理由と入学後の抱負や将来の目標をそれぞれ100字程度､そのほか検定などのアピールを記入したエントリーシート､通知表のコピーを提出)を導入

跡見学園○
①20分まで(理由により考慮する)　②可能　③英語コミュニケーション入試のみ実施　④なし　⑤予定･電話　⑥なし　⑦国語重視型入試を2/2午後に実施

郁文館◎
①認める　②可能　③実施･参考程度　④なし　⑤未定　⑥入学辞退者には入学金以外を返還　⑦なし

市川◎
①認める　②可能　③なし　④なし　⑤未定　⑥第１回入試において入学金330,000円のうち150,000円納入により2/3　18:00まで延納可

上野学園◎
①認める(制限はなし)　②可能　③なし　④なし　⑤なし　⑥なし　⑦2/1適性検査型試験の合否発表を翌日の10:00→当日20:00(webのみ)に変更

浦和明の星女子○
①非公表　②非公表　③なし　⑤予定･電話　⑥第１回入試は､延納希望者は1/20までに延納手続書類提出→入学金は2/3まで､施設設備費は2/6まで延納可　第２回入試は延納不可　⑦なし

浦和実業学校◎
①認める　②可能　③英語入試のみ実施･ある程度考慮する　④なし　⑤なし　⑥なし　⑦第２回適性検査型入試に適性Ⅲを新設　第４回入試を廃止

栄光学園●
①認めない　②可能　③なし　④なし　⑤未定　⑥なし　⑦なし

穎明館◎
①認める　②可能　③帰国生入試のみ実施･ある程度考慮する　④なし　⑤未定･行う場合電話　⑥なし　⑦帰国生･インターナショナルスクール生のみ出願可能だったインターナショナル入試をだれでも出願可能なグローバル入試に変更し2/1･2/2･2/4に国算英で実施

江戸川学園取手◎
①10分まで　②可能(保健室のみ)　③なし　④なし　⑤なし　⑥所定書類提出で入学時納入金350,000円のうち300,000円は2/5　16:00まで延納可　⑦なし

江戸川女子○
①認める(試験時間の延長なし)　②可能　③なし　④なし　⑤予定･インターネット　⑥都立公立中高一貫校受検者は延納可　入学手続き後に辞退の場合諸経費のみ返還　⑦AO入試において英語が選択可へ

桜蔭○
①20分まで　②可能(当日朝養護教諭と要相談)　③実施･参考程度　④なし　⑤予定･候補を掲示し電話で発表　⑥なし　⑦なし

桜美林◎
①20分まで　②可能　③帰国生入試のみ･かなり重視する　④なし　⑤予定･電話　⑥2/7まで第１期納入金(276,500円)の延納可(総合学力評価入試は除く)全ての回で３月末日までに辞退の場合第１期納入金を返還　⑦2/2午前の入試を教科型から総合学力評価に変更　帰国生入試を開始

鴎友学園女子○
①30分まで　②可能　③なし　④なし　⑤なし　⑥2/11までに申し出れば入学金を返還　⑦各教科(国算社理)の試験時間を50分から45分に変更

大妻○
①15分まで　②可能　③なし　④なし　⑤予定･電話

大妻多摩○
①15分まで　②可能　③なし　④なし　⑤未定･行う場合インターネットと電話　⑥大妻･大妻中野･大妻嵐山に進学する場合入学金返還制度あり　⑦一般入試を総合進学入試に､合科型入試を総合思考力型入試に名称変更　プレゼンテーション入試の廃止に伴い､英語を導入した国際進学入試を開始

大妻中野○
①認める(試験時間の延長はしない)　②可能　③なし　④なし　⑤未定･行う場合電話　⑥国公立中受験者に対して延納措置あり　⑦算数入試日程2/1→2/2に変更

大妻嵐山○
①20分まで　②可能　③なし　④なし　⑤なし　⑥なし　⑦みらい力適性検査型入試を廃止

大宮開成◎
①認める(時間は応相談)　②可能　③なし　④なし　⑤予定･電話　⑦合格基準の上昇

カ

海城●
①認める　②可能　③なし　④ある　⑤予定･電話

開成●
①認める　②可能　③なし　④なし　⑤未定　⑥期限までに入学辞退届を提出で施設拡充資金のみ返還

開智◎
①20分まで　②可能(スペースに限りあり)　③なし　④なし　⑤未定　⑥3/31までに辞退で入学金以外全額返還　⑦入学辞退時の返還が入学金以外の金額に第２回入試の日程最終日に変更　先端Ａ･Ｂの入試問題同レベルに変更

開智日本橋学園◎
①30分まで　②可能　③なし　④なし　⑤なし　⑦帰国生入試の口頭試問を午後へ　算数単科入試の時程をA時程･B時程の２つへ

開智未来◎
①20分まで　②可能　③なし　④なし　⑤なし　⑥2/8の入学手続き日まで予納金や延納書類は必要なし　⑦1/19第２回入試に２科を追加

●男子校　○女子校　◎共学校　□別学校

暁星国際◎
①認める(時間は事情により異なる)　②可能　③実施・かなり重視する　④なし　⑤未定　⑥なし　⑦なし

共立女子○
①2/3午前は10分まで、そのほかは15分まで　②可能　③12/1帰国生・2/3午後合科のみ実施・ある程度考慮する　④なし　⑤予定・電話　⑥なし　⑦なし

共立女子第二○
①25分まで　②可能　③なし　④なし　⑤未定・行う場合は電話　⑥なし

国本女子○
①認めない　②可能　③実施・ある程度考慮する　④非公表　⑤なし　⑥公立中高一貫校受検者は公立校合格発表の翌日まで延納可　⑦コースを新設し、コースごとでの募集へ　ダブルディプロマコースで英語入試(α型・β型・グローバル思考型)を実施

公文国際学園◎
①15分まで　②可能　③なし　④なし　⑤未定　⑥なし　⑦なし

慶應義塾中等部◎
①認める(個別に対応する)　②可能　③実施・かなり重視する　④なし　⑤予定・電話　⑥2月末までに辞退の場合入学金以外を返還　慶應義塾普通部・慶應義塾湘南藤沢に入学手続完了者は納入した学費等の振替制度あり　⑦出願日程1/10～1/11→1/10～1/14に変更

慶應義塾湘南藤沢◎
①状況により対応(時間は非公表)　②状況により対応　③実施・比重は非公表　④非公表　⑤予定・電報　⑥期日までに所定の方法で入学辞退を申し出た場合入学金以外を返還

慶應義塾普通部●
①1時間目終了まで　②可能(校医の判断による)　③実施・比重は非公表　④なし　⑤予定・候補者を掲示とインターネットで発表後繰り上げ合格者には電話連絡　⑥授業料分納可　⑦なし

京華●
①20分まで　②可能　③なし　④なし　⑤予定・電話　⑥2/14　12:00までに辞退届提出で入学金(250,000円)以外の納入金を返還　⑦なし

京華女子○
①20分まで　②可能　③実施・ある程度考慮する　④なし　⑤なし　⑥第1志望者と第2志望者(出願時に申告)でそれぞれ締切日を設定(第2志望者は手続不要で2/10まで延納)　⑦英検資格利用入試を実施

恵泉女学園○
①10分まで　②可能　③帰国生枠のみ実施・ある程度考慮する　④なし　⑤予定・電話　⑥なし　⑦2/2第2回は2科→2科・4科選択制となり、午後入試に変更　募集人数を第1回50名→80名、第2回100名→70名へ変更

啓明学園◎
①20分まで　②可能　③なし　④なし　⑤未定　⑥なし　⑦面接廃止　2/1午後に算数特待入試実施　2/1午後・2/3・2/4入試は入学手続きを2/10までに変更

光塩女子学院○
①5分まで(個人の責任以外は個別に対応)　②可能　③実施・参考程度　④なし　⑤予定・電話　⑥入学辞退の場合施設設備資金と学校債(任意)を返還

晃華学園○
①認める　③なし　④なし　⑤予定・電話　⑦募集人数を2/1第1回50名・2/1第2回35名・2/3第3回25名へ変更

工学院大学附属◎
①25分まで　②可能　③英語入試・算数入試・帰国生入試は実施・ある程度考慮する　④なし　⑤未定・行う場合電話　⑥帰国生・海外選抜入試は2/5まで延納可　⑦延納制度の導入　2/2午後英語+面接試験を追加

攻玉社●
①20分まで　②可能　③なし　④なし　⑤なし　⑥なし　⑦なし

麹町学園女子○
①認める(試験時間の延長はしない)　②可能　③Active English入試のみ実施　④なし　⑤なし　⑦適性検査型(みらい型)入試にⅢを追加し2/1午前実施へ　Active English入試の国算基礎で記述問題を導入

佼成学園●
①午前入試は20分まで　②可能　③なし　④なし　⑤なし　⑥入学辞退の場合施設費90,000円を返還

佼成学園女子○
①認める(要事前相談)　②可能　③なし　④5割、もしくは50点程度　⑤予定・電話　⑥なし　⑦英語入試で英語検定取得者へ優遇措置　英語入試以外で各種検定取得者は合計点に加点

国府台女子学院○
①試験開始まで　②可能　③なし　④なし　⑤予定・電話　⑥第1回入試のみ1/27までに150,000円振込で残り236,500円は2/4まで延納可　⑦なし

海陽●
①認める　②可能　③入試Ⅱ・Ⅲ、帰国生入試Ⅰ・Ⅱのみ実施・ある程度考慮する　④なし　⑤予定・電話　⑥辞退期限までに連絡で入寮費200,000円返還　⑦2/8に入試Ⅲ追加　入試会場が札幌・さいたま・横浜・神戸に増加　特別枠増加

かえつ有明◎
①10分まで　②可能　③なし　④なし　⑤なし　⑦男女別学から共学に変更　アクティブラーニング思考力特待2/2午前→2/3午後へ　募集定員160名→180名へ　一般生アドバンスをHonors/Advance選考に変更し2/2午前実施へ

学習院●
①20分まで　②可能　③なし　④なし　⑤予定・電話

学習院女子○
①50分まで　②可能　③実施・参考程度　④なし　⑤A入試はなし　B入試は実施・電話　⑥なし　⑦出願期間が1/10～へ早まる

春日部共栄◎
①50分まで　②可能　③なし　④なし　⑤なし　⑥辞退時全ての入試回で納入金一部(施設費100,000円)返還　⑦全ての入試回でweb出願のみに統一

神奈川学園○
①20分まで　②可能　③なし　④なし　⑤未定・行う場合掲示とインターネット　⑥2/8　12:30までに辞退の場合入学金返還　⑦B日程で英語利用入試(国算合わせて3科入試)を新設

神奈川大学附属◎
①20分まで　②可能　③なし　④算数のみ4割程度　⑤予定・電話　⑥なし　⑦なし

鎌倉学園●
①10分まで　②可能　③なし　④なし　⑤未定・行う場会電話　⑥2/14までの辞退者には100,000円返還

鎌倉女学院○
①20分まで　②可能　③なし　④なし　⑤未定・行う場会電話　⑥2/6　12:00までに辞退の場合入学金を返還　⑦なし

鎌倉女子大学○
①30分まで　②可能　③実施・ある程度考慮する　④非公表　⑤なし　⑥なし　⑦コース新設に伴い入試制度を一新

カリタス女子○
①20分まで　②可能　③帰国生入試のみ実施・参考程度　④なし　⑤なし・行う場合電話　⑥3/31までに辞退届提出により施設拡充費(200,000円)を返還　⑦新3科入試を廃止し一般入試を4回実施

川村○
①状況により対応(事前連絡を推奨)　②可能　③実施・参考程度　④なし　⑤未定　⑦web出願へ

神田女学園○
①認める　②可能　③なし　④なし　⑤なし　⑥なし　⑦2/2特待生入試が午後→午前へ変更

関東学院◎
①認める(試験時間の延長はしない)　②可能　③なし　④なし　⑤未定　⑥辞退の場合特別施設費(200,000円)を返還　⑦なし

関東学院六浦◎
①45分まで(1時間目終了までの入室なら可)　②可能　③なし　④なし　⑤未定・行う場合電話　⑥2/29　13:00までに申し出た場合特別施設費(200,000円)を返還　公立中高一貫校受検者は2/10　15:00まで延納可

北鎌倉女子学園○
①20分まで　②可能(要相談)　③なし　④非公表　⑤なし　⑥指定期間内に辞退の申し出・手続があった場合は施設設備費を返還　⑦普通コースを先進コースに名称変更　試験区分に算数・かんたん英語プレゼン・算数思考力を新設　全ての入試で面接を廃止

北豊島○
①認める(試験時間の延長はしない)　②可能　③実施・参考程度　④なし　⑤なし

吉祥女子○
①20分まで　②可能　③なし　④なし　⑤予定・電話　⑥2/20までに辞退の場合、施設拡充費96,000円を返還　⑦受験料1回20,000円→22,000円に変更

共栄学園◎
①30分まで　②可能　③実施・ある程度考慮する　④なし　⑤なし　⑥公立中高一貫校受検者は申告により2/14まで延納可　⑦第1回で2科セレクト入試を実施へ　第2回で国算1教科4技能入試を実施へ　第4回を2教科入試に限定へ　第5回で適性検査入試を実施へ

暁星●
①15分まで　②可能　③なし　④なし　⑤予定・電話　⑦2/3午後入試・12/2帰国生入試を新設

芝浦工業大学附属●
①20分まで　②可能　③なし　④なし　⑤なし　⑥辞退時返還措置あり　⑦なし

渋谷教育学園渋谷◎
①認めない　②可能　③なし　④なし　⑤未定　⑥なし(施設拡充費は入学後納入)　⑦web出願導入

渋谷教育学園幕張◎
①認める　②可能　③なし　④なし　⑤予定・電話　⑥1/25　15:00までに50,000円を決済すれば入学金残額を2/3　18:00まで延納可(施設拡充費は入学後納入)　⑦なし

修徳◎
①認める　②可能(状況により対応)　③実施・かなり重視する　⑦変更あり(特待生制度、入試日、試験科目)　web出願実施

秀明大学学校教師学部附属秀明八千代◎
①15分まで　②可能　③実施・ある程度考慮する　④ある　⑤なし　⑦なし

十文字○
①認める　②可能　③なし　④なし　⑤予定・電話　⑥2/11　12:00までに辞退届を提出すれば入学時施設費を返還　⑦チャレンジ型入試(2/2午後)、得意型特待入試(2/4)を廃止　2/3午後に1教科型入試新設　2/2午後は第4回とし特待生の資格が得られることに

淑徳◎
①20分まで(第1回入試は来校時間15:00か15:50か選択可)　②可能　③なし　④なし　⑤なし・行う場合掲示とインターネット　⑥2月末までに辞退の場合全額返還　⑦東大選抜入試の募集人数増員、試験科目変更(4科→2科・4科選択へ)　英語入試新設(2/1～2/3)

淑徳SC○
①認める　②可能　③実施・ある程度考慮する　④4割もしくは40点程度　⑤なし　⑥なし

淑徳巣鴨◎
①認める(試験終了時間まで)　②可能　③なし　④なし　⑤未定　⑥公立中高一貫校の合格通知を2/9　16:00までに提示で入学手続納入金返還、3/31　16:00までに辞退届提出により施設費のみ返還　⑦算数1科目入試新設

淑徳与野○
①1時間目終了まで　②可能　③なし　④なし　⑤予定・電話　⑥なし　⑦募集定員変更(第1回入試85名→95名、第2回入試20名→25名)

順天◎
①試験終了まで　②可能　③第3回多面的入試のみ実施・かなり重視する　④なし　⑤なし　⑥期日までに申請で施設費・各入会金返還　⑦第2回帰国生入試試験科目が英語・算数の2科目と面接のみに(英語・国語型は廃止)

頌栄女子学院○
①認めない(交通事情等による遅刻は別途対応)　②別室受験可　③実施・参考程度　④なし(著しく低得点の科目があれば判定会議で審議の対象となることも)　⑤なし　⑥なし　⑦なし

城西川越●
①15分まで　②可能　③なし　④なし　⑤なし　⑥施設費のみ返還可　⑦第1回特別選抜入試の科目を4科目から2科目へ変更

城西大学附属城西◎
①20分まで　②可能　③英語技能入試のみ実施・かなり重視する　④なし　⑤予定・電話　⑥なし　⑦上位者から学力スカラシップ生を選抜へ

常総学院◎
①認める(試験時間の延長はしない)　②可能　③なし　④なし　⑤なし　⑥第1回一般入試のみ1/17までに延納手続をすれば2/7まで延納可　⑦適性検査型入試において試験会場が増設(常総学院中とホテルグリーンコア坂東に取手ウェルネスプラザが追加される)

聖徳学園◎
①認めない　②可能　③なし　④なし　⑥なし

湘南学園◎
①10分まで　②可能　③なし　④なし　⑤予定・電話　⑥出願時にweb出願ページ該当欄に入力し湘南学園ESD入試・A日程～D日程の各合格発表後「合格証書及び入学手続き書類」受領期間内に来校のうえ当該校(出願時に入力した学校に限る)の受験票(コピー不可)提示で2/10まで延納可　⑦なし

湘南白百合学園○
①20分まで　②可能　③なし　④なし　⑤未定　⑥入学時施設設備費と入学時教材費は3/31まで返還可　⑦2/1午後に算数1教科入試、2/2午前に英語資格入試を新設

昌平◎
①20分まで　②可能　③適性検査型入試のみ実施・ある程度考慮する　④なし　⑤未定・行う場合電話　⑥なし　⑦出願・合格通知はwebのみへ

カ

香蘭女学校○
①25分まで　②可能　③なし　④非公表　⑤予定・候補者をインターネットで発表後対象者に電話

国学院大学久我山□
①25分まで　②可能　③なし　④なし　⑤予定・電話　⑥なし　⑦2/5午前を一般・CCクラス入試→STクラス入試へ変更

国際学院◎
①20分まで　②可能　③実施・ある程度考慮する　④なし　⑤なし　⑥なし　⑦なし

国士館◎
①20分まで　②なし　③実施・ある程度考慮する　④なし　⑤なし

駒込◎
①20分まで　②可能　③なし　④なし　⑤予定・インターネット　⑥公立中高一貫校受検者は延納可　⑦2/4第5回入試で1科目入試を導入

駒場東邦●
①認める　②可能　③なし　④なし　⑤予定・電話

サ

埼玉栄◎
①認めない　②可能　③なし　④なし　⑤なし　⑥なし　⑦1/11午後入試を廃止　入学手続き締め切り日を2/10に統一

埼玉平成◎
①20分まで　②可能　③専願のみ実施・かなり重視する　④5割程度　⑤未定　⑥出願時に申告することで2/6まで延納可　3/30までの入学辞退で施設設備費のみ返還　⑦なし

栄東◎
①認める　②可能　③帰国生入試のみ実施　④なし　⑤なし　⑦東大Ⅰ試験科目4科または1科(算数)の選択へ

相模女子大学○
①認める　②可能　③なし　④なし　⑤なし　⑥公立中高一貫校受検者に限り延納可　⑦日程変更2/1午前→2科・適性、2/1午後→2科・4科プログラミング、2/2午後→2科・4科、2/5午前→2科、2/13午前→プログラミング　理・社試験時間50分→45分へ

佐久長聖◎
①20分まで　②可能　③なし　④なし　⑤なし　⑥希望者は入学金200,000円を手続き時に、施設費100,000円を5月に、入寮金の一部70,000円を6月に、入寮金の残り100,000円を8月に分納可　⑦難関大コースとスキルアップコースのコース制を廃止し、募集を一本化

桜丘◎
①15分まで(午後入試は45分まで)　②可能　③なし　④なし　⑤なし

狭山ヶ丘高等学校付属◎
①20分まで　②可能　③なし　④なし　⑤予定・入学試験結果通知書に同封　⑥2/5までに入学手続きを終えており、第4回入試で特待生に認定された場合は入学金を返還　⑦2科(国算)・4科(国算社理)選択制を導入

サレジオ学院●
①状況により個別に対応　②可能　③なし　④なし　⑤なし　⑥なし　⑦なし

自修館◎
①1時間目終了まで　②可能　③なし　④なし　⑤予定・電話　⑥国立、公立中高一貫校受験者は受験票提示で2/10　13:00まで延納可　⑦web出願のみへ

実践学園◎
①認める　②可能　③なし　④なし　⑤なし　⑥なし　⑦適性検査型入試を2/1午後→2/1午前へ変更　特待生選抜を2/1午後・2/3午後に実施　特別入試(得意科目1科目)を2/4午後に実施　2/1・2/2午前の4科目入試を社・理で50分各50点に変更　2/2午後の2科目入試を廃止

実践女子学園○
①45分まで(試験時間の延長はしない)　②可能　③なし　④ある・基準は非公表　⑤予定・電話　⑥なし　⑦なし

品川翔英◎
①認める(試験時間の延長はしない)　②可能　③なし　④なし　⑤未定　⑥適性検査型入試の受験生は延納制度あり　入学辞退の場合は施設費のみ返還　⑦校名変更・共学化に伴い男女とも募集

品川女子学院○
①30分まで　②可能　③なし　④なし　⑤予定・電話と電報　⑥2/14　16:00までに辞退の場合入学金を返還　⑦12/14に帰国生入試を実施

芝●
①30分まで　②可能　③なし　④なし　⑤予定(ただし欠員が出た場合のみ)・電話　⑥なし　⑦なし

芝浦工業大学柏◎
①20分まで　②本校受験のみ可能　③帰国生入試と第3回課題作文入試のみ実施・ある程度考慮する　④なし　⑤なし・行う場合電話

●男子校　○女子校　◎共学校　□別学校

星美学園○
①30分まで　②可能　③なし　④なし　⑤未定　⑥なし　⑦なし

西武学園文理◎
①20分まで　②可能　③なし　④なし　⑤未定　⑥延納可(一貫クラス入試、特選クラス入試、特選特待・1教科入試は2/7　23:59まで延納可、適性検査型入試、思考力入試は2/9　23:59まで延納可)　⑦1/22に第4回一貫クラス入試新設　2/5午後に思考力入試新設　単願受験生への加点優遇制度が4科は合計40点、2科は合計20点を受験回ごとに加点へ

西武台千葉◎
①20分まで　②可能　③第一志望入試のみ実施・ある程度考慮する　④非公表　⑤予定　⑥なし

西武台新座◎
①認める　②可能　③なし　④なし　⑤予定・掲示とインターネット

聖望学園◎
①20分まで　②可能　③第1回試験専願者のみ実施(グループ面接)・参考程度　④なし　⑤なし　⑥専願者は1/21まで、一般は2/12までに入学手続きを完了したうえで辞退した場合は2/14までに連絡で納入金の一部を返還　⑦第3回入試は「英語入試(英語受験+ネイティブとの面接)」と「基礎学力1科目型(国・算・社・理から事前に選択+800字程度の作文)」のどちらか選択へ

成立学園◎
①30分まで　②可能　③なし　④なし　⑤なし　⑥入学手続金以外3/31まで延納可　⑦2/1午後第2回試験科目国+算→算+国理社から1科目選択へ

青稜◎
①15分まで　②可能　③なし　④なし　⑤実施実績あり・行う場合電話　⑥なし　⑦11/16にヒューストン入試(帰国生入試)実施へ

世田谷学園●
①1・2・3次試験は1限目まで・算数特選入試は認めない　②可能　③なし　④なし　⑤未定・行う場合電話　⑥なし　⑦なし

専修大学松戸◎
①認める(試験時間の延長はなし)　②可能　③なし　④なし　⑤未定・行う場合電話

洗足学園○
①認める(交通機関の遅延による遅刻は別途対応、私的理由による遅刻は要事前連絡・時間制限はないが試験時間の延長はしない)　②可能　③なし　④なし　⑤予定・インターネットと電話　⑥施設費は返還可

捜真女学校○
①事情により校長判断で対応　②可能　③実施・参考程度　④なし　⑤予定・電話　⑥なし　⑦2/2午前をスカラシップ試験として行い入学金、授業料免除制度を導入

高輪●
①20分まで　②別室受験可　③なし　④なし　⑤予定・電話　⑥なし　⑦web出願へ

橘学苑◎
①認める　②可能　③なし　④6割程度　⑤未定　⑦ネイチャーイン入試導入

玉川学園◎
①認める　②可能　③実施・一般クラスはまったく合否には関係しない、国際バカロレア(IB)クラスは参考程度　④なし　⑤なし　⑥期限までに申し出た場合入学金以外を返還

玉川聖学院○
①20分まで　②可能　③実施・参考程度　④なし　⑤なし　⑥なし　⑦一般入試の回数が4回から5回へ　第3回入試の試験科目が2科・4科選択→2科・3科選択へ(3科:国算必須・社理どちらか選択)

多摩大学附属聖ヶ丘◎
①認める　②可能　③なし　④なし　⑤なし　⑥適性型入試のみ公立中高一貫校との延納可

多摩大学目黒◎
①20分まで　②可能　③なし　④なし　⑤予定・掲示とインターネット　⑥なし　⑦なし

千葉日本大学第一◎
①認める　②なし　③第一志望入試のみ実施・ある程度考慮する　④なし　⑤予定・電話　⑥第1期入試合格者は入学金の一部50,000円納入し延納手続をすれば入学手続金の延納可　⑦募集人員変更(第1期入試140名、第2期入試30名に)

千葉明徳◎
①20分まで　②可能　③実施・ある程度考慮する　④なし　⑤なし

中央大学附属◎
①認める　②可能　③なし　④なし　⑤予定・電話

中央大学附属横浜◎
①10分まで　②可能　③なし　④なし　⑤なし　⑦web出願実施へ

城北●
①30分まで　②可能　③なし　④なし　⑤予定・電話　⑥なし　⑦なし

城北埼玉●
①30分まで　②可能　③なし　④なし　⑤予定・電話

昭和学院◎
①20分まで　②可能　③なし　④なし　⑤なし・行う場合掲示とインターネット　⑥一般入試・帰国生入試は延納可(公立中高一貫校受検者は公立中高一貫校の合格発表まで延納可)　⑦コース制導入(インターナショナルアカデミーコース、アドバンストアカデミーコース、ジェネラルアカデミーコース)に伴い試験科目変更　帰国生入試新設

昭和学院秀英◎
①20分まで　②可能　③なし　④なし　⑤なし　⑥午後特別入試(1/20)と第1回入試(1/22)は2/3まで延納可　⑦12月実施入試を廃止

昭和女子大学附属昭和○
①25分まで　②可能　③なし　④なし　⑤なし　⑥思考力入試の場合2/10 15:00まで延納可　⑦思考力入試(国語記述・算理社の総合)が100点満点60分1回のみへ

女子学院○
①非公表　②保健室での判断による　③実施・比重は非公表　④ある　⑤未定

女子聖学院○
①20分まで　②可能　③なし　④なし　⑤予定・電話　⑦アサーティブ入試→言語・数理リテラシー入試に名称変更

女子美術大学付属○
①1時間目の試験に遅刻した場合のみ認める(試験時間の延長はしない)　②可能　③実施・参考程度　④なし　⑤予定・電話　⑥2/6正午までに入学辞退届提出により施設費・PTA入会金を返還　⑦2/1の4科入試の社理が各30分→計50分、各50点→計100点に変更　2/2の女子美自己表現入試の作文が記述へ変更し時間配分も構想20分+作文40分→記述60分へ

白梅学園清修○
①20分まで　②可能　③英語入試のみ実施　④なし　⑤なし

白百合学園○
①認める　②可能　③実施・参考程度　④なし　⑤予定・電話　⑥なし　⑦帰国生入試募集定員15名に　web出願実施へ

巣鴨●
①20分まで　②可能　③なし　④なし　⑤予定・電話　⑥出願時の申請により2/6　15:00まで延納可

逗子開成●
②可能　③なし　④なし　⑤未定・行う場合電話　⑥なし　⑦なし

駿台学園◎
①認める(遅刻理由により個別対応)　②可能　③なし　④なし　⑤なし　⑦得意科目選択型入試を導入

聖学院●
①15分まで　②可能　③なし　④なし(目安は55%程度)　⑤なし　⑥2/5 12:00までに辞退届提出した場合入学金返還(思考力入試受験者は2/10 12:00まで)　⑦2/2午後に特待生入試実施へ(5名)　特待・アドバンスト入試→アドバンスト入試へ名称変更

成蹊◎
①15分まで　②可能　③なし　④なし　⑤予定・電話　⑥3/30正午までに所定の入学辞退届提出により入学金以外の納付金を返還

聖光学院●
①認めない　②可能　③なし　④なし　⑤予定・電話　⑥なし　⑦なし

成城●
①認めない　②可能　③なし　④なし　⑤未定・行う場合電話　⑥なし　⑦なし

成城学園◎
①15分まで　②可能　③なし　④なし　⑤未定・行う場合電話　⑦web出願実施へ

聖セシリア女子○
①15分まで　②可能　③なし　④なし　⑤予定・電話

清泉女学院○
①15分まで　②可能　③実施・まったく合否には関係しない　④なし　⑤未定・行う場合電話　⑥なし　⑦4期AP入試(2/5)を新設、最終入学手続締切は2/10 15:00

聖徳大学附属女子○
①25分まで　②可能　③第1志望入試、英語入試、音楽入試で実施・ある程度考慮する　④なし　⑤なし　⑥公立中高一貫校受検者は公立校合格発表の翌日まで延納可　⑦算数入試を導入

東京都市大学付属●
①15分まで　②可能　③なし　④なし　⑤未定(手続状況により繰り上げ合格を出す場合あり)・行う場合電話　⑥なし(入学手続時は入学金一部50,000円納入、入学金残金200,000円は入学後校納金とともに納入)　⑦窓口出願廃止

東京農業大学第一◎
①認める(時間の制限はなし)　②可能　③なし　④なし　⑤未定　⑥なし　⑦第2回2/2午後の科目に国語を追加し算理or算国の選択制へ(算は50分150点、理国は40分100点、計250点満点)

東京農業大学第三高等学校附属◎
①認める　②可能　③なし　④なし　⑤なし　⑦社会一科受験「世界と日本」追加　総合理科の基礎・応用が統合され、試験時間が65分から60分に変更

東京立正◎
①状況に応じて認める　②なし　③AO入試のみ実施・かなり重視する　④なし　⑤なし　⑦適性検査型入試Ⅰ・Ⅱ・Ⅲを導入

桐光学園□
①認める(事由により対応)　②可能　③なし　④なし　⑤なし　⑥なし　⑦なし

東星学園◎
①20分まで　②可能　③実施・重視する　④40点程度　⑤なし　⑥3/26　16:00までに所定の書式で辞退した場合施設設備費150,000円を返還

桐朋●
①9:10まで　②可能　③なし　④非公表　⑤未定・行う場合の方法は非公表　⑥入学手続き後所定の時刻までに事務室に来室し辞退手続を行った場合、建設資金130,000円を返還　⑦なし

桐朋女子○
①事情により(交通機関等)認める　②なし(試験中に具合が悪くなった場合は対応可)　③なし　④ある　⑤未定　⑥論理的思考力&発想力入試は国公立中高一貫校受検者に限り延納可　⑦A入試の口頭試問の時間が10分→15分に

東邦大学付属東邦◎
①認める(交通機関等の遅延の場合個別対応あり)　②可能　③なし　④なし　⑤未定・行う場合電話　⑥なし　⑦なし

東洋英和女学院○
①受付終了後20分まで　②可能　③実施・参考程度　④なし　⑤予定・電話　⑥なし　⑦B日程試験日2/2→2/3へ

東洋大学京北◎
①20分まで　②可能　③なし　④1割程度　⑤予定・電話　⑥公立との併願のみ可

東洋大学附属牛久◎
①20分まで　②可能　③実施・ある程度考慮する　④なし　⑤未定　⑥延納可(延納金不要)　⑦適性型、英語入試、総合型を導入

藤嶺学園藤沢●
①10分まで　②可能　③なし　④なし　⑤予定・電話　⑥入学手続完了後2/11 15:00までに入学辞退で施設設備資金200,000円返還　⑦2/1午後入試→得意2科目選択型入試Ⓐへ　2/3午前入試→2科・4科入試②(午前)へ

トキワ松学園○
①事情により45分まで　②可能　③なし　④なし　⑤予定・電話　⑥なし　⑦英語コミュニケーション入試で英検3級以上取得者は英会話試験を免除　web出願へ

豊島岡女子学園○
①20分まで　②可能　③なし　④なし　⑤予定・掲示とインターネットで繰り上げ合格候補者発表後合格者へ電話　⑥なし　⑦web出願時願書写真アップロード方式へ

獨協●
①認める　②可能　③なし　④なし　⑤予定・電話　⑥なし　⑦算数の解答用紙が別紙へ

獨協埼玉◎
①認める　②可能　③なし　④なし　⑤なし　⑥延納可　⑦なし

ドルトン東京学園◎
①認める　②可能　③プラス型・英語型で実施・かなり重視する　④非公表　⑤予定・繰り上げ候補時インターネット、繰り上げ合格決定時電話　⑥なし　⑦2/2午後に特待型入試を新設

ナ

中村○
①午後入試のみ60分まで　②可能　③なし　④なし　⑤予定・電話　⑥入学金納入後も指定期日内であれば全額返金

西大和学園◎
①20分まで　②可能　③英語重視型入試、21世紀型特色入試、帰国生入試(英語面接)は実施・参考程度　④なし　⑤未定　⑥併願合格者は入学金の一部50,000円を納入すれば2/6　18:00まで残りの入学手続を延期可　⑦会場変更(東京会場入試ベルサール神田、福岡会場入試都久志会館、21世紀型特色入試西大和学園)　会場選択条件変更(「本校入試」で奈良・大阪在住の受験生以外は「奈良市内の会場」「王寺駅近くの会場」を選択可)

タ

筑波大学附属◎
①認める　②可能　③なし　④なし　⑤未定・行う場合掲示　⑥なし　⑦募集人員約65名→約80名に変更

筑波大学附属駒場●
①認める　②可能　③なし　④非公表　⑤未定・行う場合電話

土浦日本大学◎
①15分まで(2時間目以降は5分)　②可能　③なし　④なし　⑤予定・電話　⑥第1回一般入試通常合格者のみ30,000円納付で2/7まで延納可　⑦S種特待制度を導入

鶴見大学附属◎
①10分まで　②可能　③なし　④なし　⑤予定・電話　⑥なし　⑦2/4　難関進学クラス入試3次に算数での1科入試新設

帝京◎
①20分まで　②可能　③なし　④なし　⑤なし・行う場合インターネット　⑥なし　⑦2/2午前に算数1教科入試を導入(適性検査型思考力テストか算数1教科入試のどちらか選択制へ)

帝京大学◎
①認める　②可能　③なし　④なし　⑤なし　⑦なし

田園調布学園○
①認めない　②可能　③なし　④なし　⑤予定・電話　⑥延納届提出で2/11正午まで入学金延納可　⑦第1回～第3回で社理の試験時間40分へ　当日の面接を廃止し2/11に入学前面接実施へ　2/1午後に算数1教科入試新設

桐蔭学園◎
①認める　②可能　③なし　④なし　⑤なし　⑥2/6　14:00までに入学金を納入すれば残額は3/4　14:00まで延納可　⑦午後入試2/2→2/1へ　2/1午後入試は2科目入試・算数選抜入試どちらかを選択へ　各入試の募集人員、男女計から男女別の定員設定へ　合格最低点も男女別に設定へ

東海大学菅生高等学校◎
①認める　②可能　③実施・ある程度考慮する　④ある　⑤なし　⑦2/2午後入試で英語入試追加

東海大学付属浦安高等学校◎
①20分まで　②可能　③なし　④なし　⑤なし　⑥A・B試験では延納制度あり

東海大学付属相模高等学校◎
①15分まで　②可能　③実施・ある程度考慮する　④なし　⑤なし　⑥3/31 15:00までに入学辞退届を提出すれば入学金を除く入学手続金を返還　⑦募集人員160名(40名4クラス)→120名(30名4クラス)に変更

東海大学付属高輪台高等学校◎
①認める　②可能　③なし　④なし　⑤予定・電話

東京家政学院○
①15分まで　②可能　③なし　④なし　⑤なし　⑥2/1入試の合格者が納入した入学金は2/2午前・午後の特待チャレンジ入試で特待資格を得た場合のみ返還可　⑦授業料6年間、3年間免除の特待制度を新設　得意科目で受験できる入試を増設

東京家政大学附属女子○
①25分まで　②可能　③なし　④なし　⑤未定・行う場合電話

東京純心女子○
①10分まで　②可能　③2/3タラント発見・発掘型入試のみ実施・かなり重視する　④なし　⑤予定・電話　⑥適性検査型入試のみ2/10まで延納可　⑦2/1・2/2のすべての入試が特待生選抜を兼ねる入試へ

東京女学館○
①20分まで(午後入試は1時間遅れて開始する教室あり)　②可能　③なし　④なし　⑤予定・電話　⑥期日までに辞退届提出により入学金返還　⑦募集定員2/1午前30名→35名、2/3午前30名→25名に変更

東京女子学園○
①公共交通機関が遅延の場合のみ認める　②可能(要事前連絡)　③帰国生入試のみ実施　④なし　⑤未定　⑥施設充実費・後援会費は延納可　⑦4科受験増設　特待生制度内容変更

東京成徳大学◎
①30分まで　②可能　③なし　④なし　⑤なし　⑥3/31　16:00までに入学辞退届を提出すれば施設費を返還　⑦募集定員一部変更(2/2第2回午前40名→20名、2/3第3回午前10名→20名、2/4第4回午前10名→20名)

東京成徳大学深谷◎
①10分まで　②可能　③適性型試験のみ実施・比重は非公表　④非公表　⑤未定　⑥非公表

東京電機大学◎
①30分まで　②可能　③なし　④ある・基準点は非公表　⑤予定・電話　⑥なし　⑦なし

東京都市大学等々力◎
①20分まで　②可能　③なし　④なし　⑤未定

●男子校　○女子校　◎共学校　□別学校

藤村女子○
①認める（交通遅刻等の場合）　②可能　③なし　④なし　⑤なし　⑥なし　⑦2/2入試に自己表現入試を実施　2/11に適性検査入試を実施（適性ⅠまたはⅡの選択）

武相●
①15分まで　②可能　③実施・かなり重視する　④なし　⑤なし　⑥なし　⑦web出願導入

雙葉○
①認めない　②なし（状況により対応）　③実施・参考程度　④なし　⑤なし

武南◎
①20分まで　②可能　③第3回（1/18）のみ実施・参考程度　④非公表　⑤なし　⑦第2回を2科目→4科目へ

普連土学園○
①30分まで（2/1午後算数のみ16:25開始回に遅れると受験不可）　②可能　③なし　④なし　⑤予定・電話　⑥各回手続締切日までに入学金300,000円のうち200,000円を分納すれば残り100,000円を2/8　16:00まで延納可

文化学園大学杉並◎
①認める（そのつど対応する）　②可能　③なし　④なし　⑤予定・電話　⑥なし　⑦2/3午後算数特別入試を増設

文京学院大学女子○
①認めない（その都度対応）　②可能　③思考力入試とインタラクティブ英語入試のみ実施・かなり重視する　④なし　⑤なし・行う場合インターネット　⑥思考力入試A日程、B日程の合格者で公立中高一貫校併願の場合延納届を提出すれば入学手続締切を2/10まで延期　⑦2/1午後を得意型文京方式の入試へ　2/1午前第1回→文京方式（第1回）、2/1午後第2回→得意型文京方式、2/2午後第3回→文京方式（第2回）、2/3午後第4回→文京方式（第3回）に名称変更　2/10得意型2科入試を新設

文教大学付属◎
①10分まで　②可能　③なし　④なし　⑤未定　⑥なし　⑦定員第3回25名→15名、第5回10名→20名に変更

法政大学◎
①20分まで　②非公表　③なし　④なし　⑤予定・インターネット　⑥なし　⑦なし

法政大学第二◎
①20分まで　②可能　③なし　④なし　⑤未定・行う場合電話　⑥3/31までに入学辞退届提出で入学手続金のうち入学時教育充実費50,000円返還　⑦なし

宝仙学園共学部理数インター◎
①状況による（交通事情以外の場合要事前相談）　②可能　③なし　④なし　⑤なし・行う場合インターネット　⑥2/29正午までの申し出で施設費120,000円のみ返還　⑦2/1午後に新4科特別総合入試導入　2/1午後と2/4午後に読書プレゼン入試追加

星野学園◎
①認める（残り時間で受験）　②可能　③なし　④なし　⑤未定　⑥2/6まで延納可　入学辞退者には施設費の返還可　⑦web出願へ

細田学園◎
①20分まで　③なし　④なし　⑤予定・電話　⑦dots入試にも特待生としての合格が可能へ

本郷●
①20分まで　②可能　③なし　④なし　⑤予定・電話　⑥なし　⑦募集定員1回目（2/1）80名→100名、2回目（2/2）120名→140名に変更

本庄第一◎
①20分まで　②可能（当日の急な体調不良の場合対応）　③単願のみ実施・ある程度考慮する　④なし（60点以上が望ましい）　⑤未定・インターネットと電話　⑥施設設備費のみ返還可

本庄東高等学校附属◎
①30分まで　②なし　③なし　④なし　⑤予定・電話　⑥延納願提出により2/4まで延納可　⑦web登録による出願へ

マ

聖園女学院○
①1時間目の試験開始後20分まで　②可能　③実施・まったく合否には関係しない　④なし　⑤予定・電話　⑥総合力と5次試験に合格した公立中高一貫校受検者は入学手続時に公立校の受検票を提示し申請すれば2/10　15:00まで入学金を延納可（一旦来校し所定の手続を済ませる）　⑦2/5に5次試験を実施　3次試験で国算英から2科目選択入試を導入し、英検4級以上取得者は英語試験免除　総合力、5次試験で入学金延納措置を導入し　全日程でweb出願導入　帰国生入試の英語試験を英語の作文とスピーキングテストへ

三田国際学園◎
①20分まで　②可能　③英語入試選択者のみ実施・かなり重視する　④なし　⑤未定　⑥なし　⑦なし

緑ヶ丘女子○
①30分まで　②可能　③なし　④なし　⑤なし

二松学舎大学附属柏◎
①20分まで　②可能　③なし　④なし　⑤未定　⑥入学手続猶予願郵送により所定期日まで延納可

日本学園●
①30分まで　②可能　③なし　④なし　⑤なし　⑥なし

日本工業大学駒場◎
①30分まで　②可能　③なし　④非公表　⑤予定・電話　⑦2/8特別選抜②追加　2/1午前と2/2午前に3科入試（国・算・英）導入　自己アピール入試2/1午前と2/2午前に変更　1科選択型入試2/1午後、2/2午後、2/8午前へ　適性検査型入試2/1午前、2/2午前へ

日本女子大学附属○
①認める（個人的な理由は残り時間で受験、災害・交通事故等は別室で時間延長）　②可能　③実施・参考程度　④なし　⑤予定・電話　⑥施設費のみ返還制度あり　⑦合格発表を試験日当日21:30頃よりwebにて合否照会へ

日本大学◎
①20分まで　②可能　③なし　④なし　⑤未定・行う場合電話　⑥帰国生のみ入学金の分納制度あり　⑦適性検査型入試の配点を変更

日本大学第一◎
①非公表　②インフルエンザ等の場合別室受験可　③なし　④非公表　⑤非公表　⑥非公表　⑦なし

日本大学第二◎
①20分まで　②可能　③なし　④なし　⑤予定・インターネットと電話　⑥期日までの手続で施設設備資金100,000円返還　⑦web出願導入　2/1、2/3の出願を同時にすれば受験料50,000円→40,000円へ（ただし2/1合格者への受験料返還制度はなし）

日本大学第三◎
①10分まで　②可能　③なし　④なし　⑤欠員時のみ予定・電話　⑥なし　⑦なし

日本大学豊山●
①認めない　②なし（個別に対応）　③なし　④なし　⑤予定・電話　⑥なし　⑦募集人員変更第1回110名→100名、第4回20名→30名

日本大学豊山女子○
①15～30分まで（試験によって異なる）　②可能　③なし　④なし　⑤予定・電話　⑦帰国子女入試、2科選択型入試、英語インタビュー入試の新規導入　2/5午後に2科入試の新設

日本大学藤沢◎
①認める（時間の制限なし）　②可能　③なし　④なし　⑤なし　⑥なし　⑦なし

ハ

函館白百合学園○
①30分まで　②可能　③実施・ある程度考慮する　④なし　⑤なし　⑥なし　⑦プレゼンテーション入試を一般と同日程の12/8と2/11の2回へ

函館ラ・サール●
①30分まで　②可能　③なし　④なし　⑤予定・電話　⑥期間内に延納手続金50,000円を納入し手続すれば残額を2/1まで延納可　⑦web出願へ

八王子学園八王子◎
①20分まで　②可能　③なし　④なし　⑤なし　⑦2/2午前東大・医進（適性検査型）新設　午後入試（2/1、2/2、2/3）全て2科入試へ

八王子実践◎
①20分まで　②可能　③実施・かなり重視する　④なし　⑤なし　⑥第1回、第3回の適性検査入試のみ手続の延期制度あり　⑦プログラミング入試新設

日出学園◎
①15分まで　②可能　③実施・ある程度考慮する　④なし　⑤なし　⑥延納制度あり（150,000円）　⑦なし

広尾学園◎
①30分まで　②可能　③インターナショナルAG回のみ実施・かなり重視する　④なし　⑤なし・行う場合電話　⑥なし　⑦午後入試（第2回、医進・サイエンス回、インターナショナルAG回）の試験時間を30分繰り下げ

フェリス女学院○
①認める　②可能　③実施・参考程度　④なし　⑤未定・行う場合電話　⑥なし（入学手続後の辞退者は取消手続により納入金の一部を返還）　⑦なし

富士見○
①10分まで　②可能　③なし　④なし　⑤予定・電話　⑥入学手続後の辞退は入学納付金のうち設備費、PTA入会金、生徒会入会金を返還　⑦2/2午後算数一科目入試実施（募集定員20名）

富士見丘○
①15分まで　②インフルエンザの場合可能　③なし　④なし　⑤未定　⑥なし（入学手続時の納入金は入学金のみ）　⑦入学手続時納入金が入学金250,000円のみへ

●男子校　○女子校　◎共学校　□別学校

横浜●
①10分まで　②可能　③なし　④なし　⑤未定・行う場合電話　⑦第１回(2/1午前)の合格発表を17:15へ　帰国生入試を12/19に実施

横浜共立学園○
①認めない　②なし(状況による)　③実施・比重は非公表　④非公表　⑤未定・行う場合電話　⑥施設設備資金は延納可　⑦web出願へ

横浜女学院○
①20分まで　②可能　③なし　④なし　⑤未定・行う場合電話　⑦2/1午後、2/3午後に特別奨学入試を新設

横浜翠陵◎
①10分まで　②可能　③なし　④なし　⑤なし　⑥なし　⑦第４回2/2午後→2/3午前　第５回2/4午前→2/5午前

横浜創英◎
①５分まで　②可能　③なし　④５割程度　⑤なし

横浜隼人◎
①20分まで　②可能　③自己アピール入試のみ実施(グループ面接)・かなり重視する　④なし　⑤未定　⑥3/31　16:00までに書面で入学辞退を申し出た場合施設費200,000円のみ返還　⑦一般入試(１回目or２回目)を受験し、合格し、入学手続を完了すれば2/7に特待生へ再チャレンジ可能へ

横浜富士見丘学園◎
①20分まで　②可能　③なし　④なし　⑤なし　⑥なし　⑦４科で英語選択可へ(2/1午前、2/5午前)　第５回を2/5に変更し、英２科・英４科を含む２科・４科選択制へ　未来力入試2/3午前→2/2午後　入試回数５回→６回

横浜雙葉○
①認める　②可能　③実施・参考程度　④なし　⑤予定・電話　⑥入学辞退者には施設設備資金を返還　⑦なし

ラ

立教池袋●
①状況による　②状況により可能　③第２回のみ実施・かなり重視する　④なし(ただし第２回では２科合計が選考範囲内に入っていなければ面接の評価はされない)　⑤予定・インターネット　⑥2/6までに辞退を申し出た場合納入金の一部を返還　⑦帰国入試の作文とグループ面接を廃止、日本のインターナショナル出願に一部応じる　第１回試験時間割の変更

立教女学院○
①認める(残り時間で受験)　②可能(養護教諭と相談のうえ判断)　③実施・まったく合否には関係しない　④なし　⑤未定　⑥2/7正午までに所定の辞退届を提出すれば納付金のうち施設費及び藤の会入会金を返還　⑦なし

立教新座●
①１時間目の半分が経過するまで　③なし　④なし　⑤予定・電話とメール　⑥期日までに手続を行えば入学金以外を返還　⑦入学手続をweb上で実施

立正大学付属立正◎
①20分まで　②可能　③なし　④なし　⑤なし・行う場合掲示とインターネット　⑥入学手続時納入金のうち入学金以外を返還

麗澤◎
①20分まで　②可能　③なし　④なし　⑤なし　⑦第３回、第４回の記述テスト→叡智思考力テスト(記述)、時間40分、満点50点へ

ワ

早稲田●
①25分まで　②可能　③なし　④なし　⑤未定　⑥入学辞退の場合学費のみ返還　⑦web出願へ

早稲田実業学校◎
①20分まで　②可能　③なし　④なし　⑤なし　⑥入学手続完了者が辞退届を提出した場合入学手続金の一部(施設設備資金相当)を銀行振込で返還

早稲田摂陵◎
①20分まで　②可能　③なし　④なし　⑤なし　⑥なし　⑦なし

早稲田大学高等学院●
①非公表　②可能　③実施・比重は非公表　④非公表　⑤未定(必要に応じて実施)・行う場合電話　⑥原則ないが理由等により一部返還する場合あり　⑦web出願実施に伴い入試要項の販売をなくし学校webサイトよりダウンロードへ

和洋九段女子○
①20分まで　②なし　③なし　④なし　⑤予定・電話　⑥なし　⑦第２回入試(2/1午後)２科目入試(国・算or国・社or理・算or英・英コミュ)導入　第４回入試(2/2午後)１科目入試(国、算、社、理より１科目)新設　第５回入試到達度確認テスト(Ａ入試)導入　第６回入試試験科目が適性検査と到達度確認テスト(Ａ入試)へ

和洋国府台女子○
①15分まで　②可能　③推薦入試のみ実施・ある程度考慮する　④ある・割合や点数は未定(その年による)　⑤なし　⑦入学検定料25,000円へ　推薦入試試験科目２科型(国算)、３科型(国算英)、グループワーク型へ　第２回一般入試試験科目２科、４科、適性検査型へ

マ

三輪田学園○
①15分まで　②可能　③なし　④なし　⑤未定・行う場合電話　⑥なし　⑦帰国生入試に英語・算数・保護者同伴面接を導入　2/2(第２回)入試に英検利用入試導入　2/2(第２回)入試2/2　5:00、2/3(第３回)2/3　5:00へ出願締切変更　入学手続期間を各考査合格発表後～2/6　10:00までへ変更

武蔵●
①個別に判断　②状況により判断　③なし　④非公表　⑤予定・電話

武蔵野◎
①認める(試験時間内受験可)　②可能　③実施・ある程度考慮する　④３割程度　⑤未定　⑥都立中高一貫校受検者は2/12まで延納可

武蔵野大学◎
①25分まで　②可能　③なし　④なし　⑤予定・電話　⑥公立中高一貫校受検者は所定の手続により延納可　⑦第１～３回入試→第１～４回入試(２科目選択試験を１日追加)　プレゼン入試→自己表現入試へ名称変更

武蔵野東◎
①20分まで　②可能　③実施・AO入試と未来探究型入試はかなり重視する、それ以外はある程度考慮する　④ある　⑤予定・電話　⑥3/31までに辞退の場合施設設備費を返還　特待ランク変更の場合入学金を返還　⑦算or国重視型２科の新設

茗溪学園◎
①30分まで　②可能　③第２回一般入試のみ実施・ある程度考慮する　④ある・比重は非公表　⑤予定・電話　⑥合格発表翌日までの延納手続で一部納入し残りは２月指定日まで延納可　⑦各教科で思考力、論理性をみる問題が若干増加

明治学院◎
①10分まで　②可能　③なし　④３割程度　⑤予定・あらかじめ候補者に通知し電話　⑥なし　⑦なし

明治大学付属中野●
①認めない　②可能　③なし　④なし　⑤未定・行う場合電話　⑥なし

明治大学付属中野八王子◎
①随時、終了まで　②可能　③なし　④なし　⑤欠員があった場合のみ実施・電話　⑥なし　⑦なし

明治大学付属明治◎
①30分まで　②可能　③なし　④なし　⑤手続状況による・行う場合電話　⑥入学金以外の諸費用延納制度あり　⑦男女別定員を明記へ　男女比５：５へ

明星◎
①15分まで　②可能　③実施・参考程度　④なし　⑤未定　⑥辞退の場合施設拡充費を返還　⑦第２回2/2本科入試午前→午後

明法●
①１時間目終了まで　②可能　③なし　④なし　⑤なし　⑥帰国生入試のみ延納可

目黒学院◎
①30分まで　②可能　③一芸入試のみ実施・参考程度　④１割程度　⑤なし　⑥３月中辞退者は全額返還　⑦受験料１回10,000円へ(複数回割引はなし)

目黒星美学園○
①50分まで　②可能　③なし　④なし　⑤予定・電話　⑦出願や合否結果の告知、入学手続をweb利用へ

目黒日本大学◎
①認める　②可能　③なし　④なし　⑤予定・電話　⑥適性検査型入試の受験者のみ延納願あり　⑦算数１科→算理１科(70分)特待へ

目白研心◎
①15分まで　②可能　③なし　④なし　⑤なし　⑦特待特別入試を実施　次世代スキル入試→適性検査対応型入試へ名称変更

森村学園◎
①20分まで　②可能　③なし　④なし　⑤なし　⑦帰国生入試の受験型変更Ａ型は国・算へ、B型は国・算および英語資格検定試験のスコアへ

ヤ

八雲学園◎
①認める　②可能　③帰国生入試のみ実施・参考程度　④なし　⑤なし

安田学園◎
①20分まで　②可能　③なし　④なし　⑤なし　⑦先進特待入試(第５回)新設

山手学院◎
①15分まで　②可能　③なし　④なし　⑤未定　⑥なし　⑦2/1午後入試を「特待選抜」として合格者のうち上位40名を「特待生合格」とする

山脇学園○
①20分まで　②可能　③なし　④なし　⑤予定・電話　⑥2/6　15:00までに入学辞退届提出で学園維持整備費返還　⑦2/2午後探究サイエンス入試新設

横須賀学院◎
①30分まで　②可能　③なし　④３割程度　⑤なし　⑥施設費200,000円のみ手続締切(2/10入学金230,000円支払)後2/14まで延納可　⑦一般入試国語で新傾向問題少し追加　英語資格利用入試は若干読解問題(基礎学力問題)を多くする

これから参加できる 私立中学入試イベント

2019年11月11日(月) ▶ 2020年1月31日(金)

●男子校　○女子校　◎共学校　□別学校

データ提供
森上教育研究所

原則的に受験生と保護者対象のイベントを掲載しています。保護者または受験生のみが対象の場合はそれぞれ「保護者」「受験生」と記載しています。

対象学年についての詳細は各中学校にご確認ください。
※日程や時間などが変更になる場合やすでに予約の締め切り日が過ぎている場合もあります。おでかけの際にはかならず各中学校にご確認ください。
※寮のある学校については、首都圏で開催の説明会のみ掲載しています。

学校名	行事内容	開催日	開始時間	予約	備考
◎上野学園	音楽コース　音楽講習会	12月24日 火		要	
		12月25日 水		要	
		12月26日 木		要	
		12月27日 金		要	
	学校説明会	1月11日 土	10:00	要	
○浦和明の星女子	学校説明会	12月7日 土	9:30	不	
◎浦和実業学園	学校説明会　入試体験会	11月24日 日	10:00	要	
	プレミアムフライデーミニ説明会	11月29日 金	18:00	要	
	入試問題学習会	12月8日 日	10:00	要	6年生
		12月14日 土	14:30	要	6年生
	午後のミニ説明会	12月21日 土	14:00	要	
		1月5日 日	10:00	要	
●栄光学園	学校説明会	11月30日 土	10:00	要	
◎穎明館	学校説明会	11月16日 土	10:00	要	
		12月7日 土	14:00	要	
		1月11日 土	10:00	要	
◎江戸川学園取手	入試説明会	11月16日 土	9:30	不	
○江戸川女子	学校説明会	12月7日 土	10:00	要	
	入試問題説明会	12月14日 土	14:00	要	
	学校説明会	1月11日 土	10:00	要	
○桜蔭	学校説明会	11月13日 水	9:30	要	保護者(4年生以下)
◎桜美林	学校説明会	11月16日 土	14:00	要	
	入試説明会(教科型入試)	12月14日 土	10:00	要	
	総合学力評価テスト解答解説会	12月15日 日	10:00	要	
	クリスマスキャロリング	12月21日 土	16:00	不	
	入試説明会(教科型入試・総合学力評価テスト)	1月11日 土	14:00	要	
○鷗友学園女子	学校説明会	11月12日 火	10:00	要	
		12月7日 土	10:00	要	
		12月7日 土	14:00	要	
	入試対策講座	12月15日 日	10:00	要	6年生
		12月15日 日	13:30	要	6年生
○大妻	学校説明会(ナイト)	11月13日 水	18:30	要	
	校内案内	11月16日 土	10:45	要	
		11月25日 月	10:45	要	
	学校説明会	11月30日 土	14:30	要	
	校内案内	12月2日 月	10:45	要	
○大妻多摩	学校説明会	11月21日 木	10:30	要	5年生以下
	入試個別相談会	11月28日 木	10:40	要	
	入試模擬体験	1月5日 日	9:30	要	6年生
ア ○愛国	学園説明会	11月23日 土	10:00	不	
		12月1日 日	10:00	不	
		12月1日 日	14:00	不	
		12月8日 日	10:00	不	
		12月8日 日	14:00	不	
	個別進学相談会	1月11日 土	9:00	不	
◎青山学院横浜英和	学校説明会	11月23日 土	10:00	要	5、6年生
		11月23日 土	14:00	要	5、6年生
	モーニングティーツアー	11月26日 火	9:00	要	5、6年生
●足立学園	ナイト説明会(校長との懇談付)	11月20日 水	18:00	要	
	学校説明会＋授業見学会	11月30日 土	10:00	要	
	ナイト説明会(校長との懇談付)	12月18日 水	18:00	要	
	小6対象入試直前対策	1月18日 土	14:00	要	6年生
○跡見学園	入試体験会	11月17日 日	8:30	要	
	入試説明会	11月30日 土	13:30	要	
		1月11日 土	13:30	要	
	ナイト説明会	1月17日 金		要	
◎アレセイア湘南	スクールガイド	11月19日 火	10:00	要	保護者
	ミニ説明会	12月7日 土	10:00	要	
	ポテンシャル入試・グローバル入試説明会	12月7日 土	10:00	要	
	パイプオルガンコンサート	12月7日 土	13:30	不	
	学校説明会	1月11日 土	10:00	要	
	ミニ説明会	1月18日 土	10:00	要	
	ポテンシャル入試・グローバル入試説明会	1月18日 土	10:00	要	
◎郁文館	学校説明会	11月22日 金	10:00	要	
	理事長説明会	11月30日 金	14:00	要	
	学校説明会	12月7日 土	13:00	要	
		12月14日 土	14:00	要	
		1月18日 土	14:00	要	
◎茨城キリスト教学園	ツリー点灯式	12月2日 土	17:00	不	
	学園クリスマス	12月21日 土	13:30	不	
◎上野学園	音楽コース　学校説明会	11月16日 土	14:00	要	
	音楽コース　音楽相談	11月24日 日	9:00		
	入試体験	11月30日 土	14:00	要	
	学校説明会	12月7日 土	10:00	要	

学校名	行事内容	開催日	開始時間	予約	備考
◯鎌倉女子大学	入試解説会	12月7日(土)	10:00	不	
		1月11日(土)	10:00	不	
◯カリタス女子	カリタスDEナイト	11月20日(水)		要	
	入試説明会・入試過去問題解説	11月23日(土)		要	
	カリタス見学会	12月7日(土)		要	
	カリタスDEナイト	12月18日(水)		要	
◯川村	学習セミナー＆ワークショップ　ミニ説明会	11月23日(土)	10:00	要	
		12月14日(土)	14:00	要	
	学習セミナー	1月11日(土)	14:00	要	
		1月26日(日)	10:00	要	
◯神田女学園	入試セミナー	11月20日(水)	18:30	要	
	出題傾向解説会	12月7日(土)	10:00	要	
	授業体験会	12月15日(日)	8:30	要	
	クリスマスコンサート	12月21日(土)		不	
	出題傾向解説会	1月11日(土)	14:00	要	
		1月25日(土)	10:00	要	
◎関東学院	ミニ説明会	11月19日(火)	10:00	要	
	過去問題勉強会	12月7日(土)	9:30	要	6年生
	入試説明会	12月7日(土)	9:30	不	6年生
	過去問題勉強会	12月7日(土)	13:30	要	6年生
	入試説明会	12月7日(土)	13:30	不	6年生
	キャンドルライトサービス	12月21日(土)	17:00	不	
	はじめての方対象説明会	1月13日(月)	10:00	要	6年生
◎関東学院六浦	体験！　自己アピール型入試	11月16日(土)	10:00	要	5、6年生
	ミニ説明会	11月30日(土)	9:20	不	
	入試説明会	11月30日(土)	10:00	不	
	ミニ説明会	12月21日(土)	9:20	不	
	入試説明会	12月21日(土)	10:00	不	
	直前説明会	1月11日(土)	10:00	不	
	体験！　自己アピール型入試	1月11日(土)	11:30	要	5、6年生
	直前説明会	1月18日(土)	10:00	不	
◯函嶺白百合学園	ミニ説明会	11月30日(土)	11:00	要	
	クリスマス会＆学校説明会	12月17日(火)	10:00	要	
	入試直前説明会	1月11日(土)	13:00	要	6年生
	ミニ説明会	1月18日(土)	11:00	要	
◯北鎌倉女子学園	過去問題学習会	11月16日(土)	9:30	要	6年生
	定期演奏会	11月16日(土)	13:30	不	鎌倉芸術館
	ナイト説明会	11月22日(金)	18:00	要	法華クラブ湘南藤沢
		11月22日(金)	20:15	要	各会場
	音楽コース個別相談会	11月30日(土)	9:00	不	
	音楽コース入試実技試演会	12月7日(土)	9:10	要	6年生
	学校説明会	12月14日(土)	10:00	要	
		1月11日(土)	10:00	要	
◯北豊島	学校説明会	11月24日(日)	10:00	要	
	ギター発表会・合唱コンクール	11月30日(土)	8:30	不	
	特別奨学生セミナー	12月8日(日)	9:00	要	
	入試説明会	12月15日(日)	10:00	要	
		12月21日(土)	14:00	要	
◯吉祥女子	学校説明会	11月16日(土)	10:30	不	6年生
		11月16日(土)	14:00	不	5年生以下
	入試問題説明会	12月1日(日)	10:30	不	6年生
		12月1日(日)	14:00	不	6年生
◎共栄学園	模擬入試体験会・説明会	11月24日(日)	9:30		
		12月15日(日)	9:30		
	ジョイフルコンサート	12月24日(火)	14:00		かつしかシンフォニーヒルズ
●暁星	直前入試説明会	1月18日(土)	14:00	要	6年生
◎暁星国際	学校説明会	12月7日(土)	9:10	要	

学校名	行事内容	開催日	開始時間	予約	備考
ア ◯大妻多摩	合唱祭	1月17日(金)	11:45	要	府中の森芸術劇場
◯大妻中野	アフターアワーズ説明会	11月22日(金)	19:00		
	オープンデー	11月23日(土)	10:45	不	
	グローバル入試説明会（体験付）	12月14日(土)	10:15	要	6年生
	算数入試説明会（体験付）	12月14日(土)	10:45	要	6年生
	新思考力入試説明会（体験付）	12月14日(土)	14:00	要	6年生
	入試問題説明会（体験付）	1月5日(日)	9:30	要	6年生
◯大妻嵐山	入試説明会	11月17日(日)	10:00	要	
	わくわくワークショップ　プログラミング	11月17日(日)	14:00	要	4～6年生
	わくわくワークショップ　ダンス・英語	12月14日(土)	14:00	要	ダンスは3～6年生　英語は6年生以下
	入試説明会	12月15日(日)	10:00	要	
	わくわくワークショップ　英語	1月25日(土)	14:00	要	6年生以下
◎大西学園	学校説明会	11月16日(土)	10:00	不	
		12月7日(土)	10:00	不	
◎大宮開成	入試対策会	11月23日(土)	9:00	要	6年生
	学校説明会	12月7日(土)	10:00	不	
カ ◎開智	入試問題説明会	12月7日(土)	14:00		
◎開智日本橋学園	学校説明会	11月16日(土)	10:00	要	
		11月16日(土)	14:00	要	
	出題傾向説明会	12月7日(土)	10:00	要	
	学校説明会	12月21日(土)	10:00	要	
		12月21日(土)	14:00	要	
		1月11日(土)	10:00	要	
		1月11日(土)	14:00	要	
◎開智未来	4教科型入試対策講座	11月23日(土)	9:30	要	6年生
	探究型入試演習	12月7日(土)	9:45	要	6年生
	4教科型入試対策講座	12月15日(日)	9:30	要	6年生
●海陽	入試説明会	11月16日(土)	10:00	不	TKP東京駅セントラルカンファレンスセンター
		11月16日(土)	14:00	不	TKP東京駅セントラルカンファレンスセンター
◎かえつ有明	入試体験会	12月7日(土)	8:30	要	受験生
	学校説明会	1月15日(水)	10:00	要	
●学習院	入試説明会	11月16日(土)	14:00	不	
◯学習院女子	学校説明会	11月16日(土)	14:00	不	5年生以下
		11月16日(土)	15:30	不	6年生
◎春日部共栄	学校説明会・入試問題解説会	11月17日(日)	10:00	不	
		11月24日(日)	10:00	不	
	学校説明会・体験授業	12月15日(日)	10:00	不	5年生以下
◯神奈川学園	学校説明会	11月16日(土)	10:30	要	
	入試問題体験会	12月14日(土)	8:30	要	受験生
	学校説明会	12月20日(金)	19:00	要	
		1月11日(土)	10:30	要	
◎神奈川大学附属	入試説明会	11月13日(水)	10:30	要	
	学校説明会	11月16日(土)	10:30	要	
	入試説明会	12月7日(土)	10:30	要	
	学校説明会	1月11日(土)	10:30	要	
		1月18日(土)	10:30	要	
●鎌倉学園	中学校説明会	11月26日(火)	10:00	要	
	中学入試に向けて	12月14日(土)	10:00	要	保護者
◯鎌倉女学院	学校説明会	11月16日(土)	10:00	不	
◯鎌倉女子大学	入試解説会	11月16日(土)	10:00	不	
	ウィークデー説明会	11月29日(金)	10:00	不	

学校名	行事内容	開催日	開始時間	予約	備考
○恵泉女学園	入試説明会	1月9日(木)	10:00	要	6年生
◎啓明学園	学校説明会・入試体験会	11月16日(土)	14:00	要	
	個別相談会	12月7日(土)	10:00	要	
		12月7日(土)	14:00	要	
	グローバル講演会	1月8日(水)		要	
	学校説明会	1月11日(土)	14:00	要	
○光塩女子学院	学校説明会	11月16日(土)	14:00	要	
	過去問説明会	11月30日(土)	14:00	要	6年生
	校内見学会	1月11日(土)	10:30	要	6年生
		1月25日(土)	10:30	要	6年生
○晃華学園	学校見学会	12月14日(土)	13:30	要	
		1月11日(土)	10:00	要	
◎工学院大学附属	学校説明会・入試本番模擬体験	11月23日(土)	10:00	要	6年生
	クリスマス説明会・個別相談会	12月25日(水)	14:00	要	
	学校説明会	1月11日(土)	14:00	要	
●攻玉社	オープンスクール	11月16日(土)	13:30	要	4～6年生
	土曜説明会	11月30日(土)	11:00	要	
	入試説明会	12月7日(土)	10:20	不	6年生
		1月11日(土)	10:20	不	6年生
○麹町学園女子	合唱祭	11月16日(土)	9:00	要	
	学校説明会	11月23日(土)	10:00	要	
	入試説明会&入試模擬体験	12月8日(日)	9:00	要	
		12月15日(日)	9:00	要	
	5年生以下体験イベント	12月15日(日)	14:30		5年生以下
	学習アドバイスの会	12月22日(日)	9:00	要	
	入試直前！　学校説明会	1月19日(日)	10:30		
		1月25日(日)	10:30		
●佼成学園	入試問題解説会	11月24日(日)	10:00	要	
	適性検査型入試説明会	12月8日(日)	9:30	要	
	入試問題解説会	12月15日(日)	10:00	要	
	適性検査型入試イブニング説明会	1月10日(金)	18:30	要	
	入試体験会	1月12日(日)	10:00	要	
○佼成学園女子	昼のミニ中学説明会	11月12日(火)	11:00	要	保護者
	夜の入試個別相談会	11月19日(火)	17:30	要	保護者
	サッカー部体験練習会	11月21日(木)	17:30	要	受験生
	夜の入試個別相談会	11月26日(火)	17:30	要	保護者
	昼のミニ中学説明会	11月28日(木)	11:00	要	保護者
	適性検査型入試プレテスト	12月7日(土)	13:30	要	5、6年生
	学校説明会	12月7日(土)	15:00	要	
	適性検査型入試プレテスト	12月14日(土)	8:30	要	5、6年生
	特進留学コース帰国報告会	12月14日(土)	13:30		
	サッカー部体験練習会	12月16日(月)	17:30	要	受験生
	適性検査型入試プレテスト	1月11日(土)	8:30	要	5、6年生
	学校説明会	1月11日(土)	10:00	要	
○国府台女子学院	学校見学会	11月16日(土)	10:20	要	
		12月21日(土)	10:00	要	
○香蘭女学校	バザー	11月23日(土)	10:00	不	
	入試説明会	12月21日(土)	10:00	要	6年生
		12月21日(土)	14:00	要	6年生
□国学院大学久我山	学校説明会	11月16日(土)	11:30	要	
	入試直前講座「久我山の入試、この一問」	12月15日(日)	10:00	要	
	学校説明会	1月18日(土)	13:30	要	
◎国際学院	プレテスト	11月23日(土)	9:30	要	5、6年生
	個別相談会	12月7日(土)	13:30	要	
	プレテスト	12月14日(土)	13:30	要	5、6年生
	個別相談会	12月21日(土)	13:30	要	
◎国士舘	入試体験会	11月16日(土)	9:30	要	6年生

学校名	行事内容	開催日	開始時間	予約	備考
◎暁星国際	学校説明会	1月11日(土)	9:10	要	
○共立女子	入試問題説明会	11月16日(土)	9:00	要	6年生
		11月23日(土)	9:30	要	6年生
		11月23日(土)	13:30	要	6年生
		12月7日(土)	10:00	要	6年生
		12月13日(金)	18:00	要	6年生
	オープンキャンパス	12月15日(日)	8:30	要	4、5年生
	チャレンジ企画(論述・インタラクティブ)	12月15日(日)	14:00	要	6年生
	チャレンジ企画(インタラクティブ)	12月15日(日)	15:00	要	6年生
	入試問題説明会	1月18日(土)	10:00	要	6年生
	チャレンジ企画(論述・インタラクティブ)	1月18日(土)	14:00	要	6年生
	チャレンジ企画(インタラクティブ)	1月18日(土)	15:00	要	5年生
○共立女子第二	入試問題研究会＋学校説明会	11月30日(土)	10:30	要	
	適性検査型入試体験＋入試説明会	12月7日(土)	14:00	要	
	国算2科型入試体験＋入試説明会	12月22日(日)	9:30	要	
	入試説明会	1月11日(土)	10:30	要	
	理科体験授業＋入試相談	1月11日(土)	14:00	要	5年生以下
	入試直前相談会	1月18日(土)	9:00	要	
◎国立音楽大学附属	秋の教員演奏会	11月15日(金)	18:30	要	
	夜のミニ説明会	11月15日(金)	19:00	要	
	KUNION講座	11月16日(土)	午後	要	4～6年生
	適性検査型入試攻略セミナー	11月23日(土)	9:30	要	
	学校説明会	11月23日(土)	10:30	要	
	個別相談会	12月1日(日)	9:30	要	
	適性検査型入試攻略セミナー	12月1日(日)	14:00	要	
	くにたち音楽会(ソロ・アンサンブル)	12月12日(木)	14:00		国立音楽大学
	くにたち音楽会(合唱)	12月13日(金)	14:00		国立音楽大学
	冬期受験準備講習会	12月26日(木)	8:50	要	5、6年生
		12月27日(金)	8:50	要	5、6年生
	KUNION講座	1月13日(月)	午前	要	4～6年生
○国本女子	学校説明会	11月23日(土)	10:00	要	4～6年生
	Saturday English School	11月23日(土)	14:00	要	4～6年生
	学校説明会・吹奏楽部クリスマスミニコンサート	12月15日(日)	10:00	要	4～6年生
	Saturday English School	12月21日(土)	14:00	要	4～6年生
◎公文国際学園	入試説明会	12月1日(日)	10:00	不	
●京華	ナイト説明会	11月15日(金)	18:30	要	
	適性検査型入試説明会	11月24日(日)	14:00	不	
	中学説明会	11月24日(日)	14:00	不	
	ナイト説明会	12月6日(金)	18:30	要	
	個別相談会	12月15日(日)	10:30	不	
	中学説明会	12月15日(日)	14:30	不	
		1月5日(日)	9:00	不	
	個別相談会	1月5日(日)	9:00	不	
○京華女子	中学説明会	11月24日(日)	10:30	不	
	入試問題セミナー	12月8日(日)	9:00	要	
	中学説明会	12月22日(日)	10:30	不	
		1月19日(日)	10:30	不	
○恵泉女学園	入試説明会	11月23日(土)	10:30	要	6年生
		11月23日(土)	14:00	要	6年生
		12月3日(火)	10:00	要	6年生
	学校説明会	12月14日(土)	14:00	要	
	クリスマス礼拝	12月19日(木)	13:00	要	

学校名	行事内容	開催日	開始時間	予約	備考
◎自修館	ミニ入試説明会	1月25日 土	10:00	要	
◎実践学園	入試説明会	11月16日 土	14:00	要	
	合唱コンクール	11月19日 火	10:30	不	杉並公会堂
	入試説明会	11月30日 土	10:30	要	
	入試説明会・入試問題説明会	12月22日 日	14:00	要	
	入試説明会・入試体験会・体験授業	1月11日 土	14:00	要	入試体験6年生、体験授業4、5年生
○実践女子学園	入試説明会	11月16日 土	14:00	要	5、6年生
	スターライト入試説明会	11月22日 金	18:30	要	5、6年生
	入試説明会(入試体験会)	12月7日 土	14:00	要	5、6年生
		12月15日 日	8:40	要	5、6年生
	入試説明会	1月11日 土	10:00	要	5、6年生
◎品川翔英	学校説明会	11月23日 土	9:00	要	
	入試答案練習会	11月23日 土	9:00	要	
	学校説明会	12月14日 土	10:00	要	
○品川女子学院	学校説明会(20代教員による)	11月12日 火	10:00	要	保護者
	入試説明会	11月14日 木	10:00	要	保護者(5、6年生)
	オープンキャンパス	11月16日 土	14:00	要	受験生
	入試ミニ説明会	11月26日 火	10:00	要	保護者(5、6年生)
	入試説明会	12月7日 土	10:00	要	保護者(5、6年生)
	入試説明会(夜の部)	12月13日 金	18:50	要	保護者(5、6年生)
	入試ミニ説明会+校舎見学	12月27日 金	9:40	要	4~6年生
		12月27日 金	13:30	要	
		12月28日 土	9:40	要	4~6年生
		12月28日 土	13:30	要	
		1月4日 土	9:40	要	4~6年生
		1月4日 土	13:30	要	
		1月6日 月	9:40	要	4~6年生
		1月6日 月	13:30	要	
	入試説明会	1月11日 土	10:00	要	保護者(5、6年生)
	入試ミニ説明会	1月16日 木	10:00	要	保護者(5、6年生)
	4年生以下の方向け説明会	1月23日 木	10:00	要	保護者(4年生以下)
●芝	学校説明会	12月7日 土	11:00	不	
◎芝浦工業大学柏	入試説明会	11月24日 日	10:00	不	
		12月15日 日	14:00	不	
●芝浦工業大学附属	学校説明会	11月16日 土	9:40	要	
		11月30日 土	9:40	要	
□自由学園	男子部学業報告会・個別相談会	11月23日 土	9:00	要	
	入試対策勉強会(女子部)	11月23日 土	13:30	要	5、6年生
	女子部学業報告会・個別相談会	11月30日 土		要	
	入試対策勉強会(男子部)	11月30日 土	13:30	要	6年生
		12月7日 土	13:30	要	6年生
	個別相談会(女子部)	12月22日 日	13:30	要	6年生
	学校説明会(女子部)	1月11日 土	10:30	要	
	学校説明会・個別相談会(男子部)	1月11日 土	14:00	要	
◎修徳	学校説明会	11月30日 土	14:00	不	
		12月14日 土	14:00	不	
		1月11日 土	14:00	不	
		1月18日 土	14:00	不	
◎自由の森学園	池袋学校説明会	11月24日 日	10:00	不	ABCアットビジネスセンター池袋駅前本館
	わくわくワーク	11月17日 日	10:00	要	5、6年生
	公開教育研究会	11月23日 土	9:30	要	
	わくわくワーク	12月8日 日	10:00	要	5、6年生

学校名	行事内容	開催日	開始時間	予約	備考
カ ◎国士舘	入試説明会	11月16日 土	10:00	要	
	部活動体験会(吹奏楽部楽器体験会)	11月16日 土	13:00	要	
	入試相談会	11月30日 土	10:00	要	
		12月7日 土	14:00	要	
	入試説明会	1月11日 土	14:00	要	
◎駒込	個別相談会	11月16日 土	9:00	要	
	入試説明会(在校生による学校説明会)	11月16日 土	14:00	要	
	合唱コンクール	11月20日 水			かつしかシンフォニーヒルズ
	個別相談会	11月23日 土	9:00	不	
		11月30日 土	9:00	不	
		12月7日 土	9:00	要	
	入試説明会(過去問体験&解説)私立型	12月15日 日	10:00	要	
	入試説明会(過去問体験&解説)適性検査型	12月15日 日	14:00	要	
	入試説明会	1月12日 日	10:00	要	
○駒沢学園女子	学校見学会	11月16日 土	10:30	要	
	入試説明会・入試シミュレーション	12月14日 土	8:30	要	6年生
	クラブ体験会	12月14日 土	14:00	要	
		1月11日 土	14:00	要	
	小4・5年生対象学校見学会	1月18日 土	10:30	要	4、5年生
	校長個別相談会	1月25日 土	10:00	要	保護者
サ ◎埼玉栄	入試問題学習会	11月16日 土	9:00	要	
		12月14日 土	10:00	要	
	学校説明会	12月21日 土	10:00	不	
◎埼玉平成	ヴォーカルアンサンブル発表会	11月16日 土	10:30		
	入試説明会	12月7日 土	10:00	要	
	個別相談会	12月7日 土	13:00	要	
		12月14日 土	13:00	要	
		12月21日 土	13:00	要	
		12月28日 土	13:00	要	
◎栄東	入試問題学習会	11月23日 土	8:30	要	6年生
	入試説明会	11月23日 土	8:40	不	6年生
	入試問題学習会	11月23日 土	14:00	要	6年生
	入試説明会	11月23日 土	14:10	不	6年生
		12月7日 土	10:00	不	6年生
○相模女子大学	プチセツ	11月15日 金	10:00	要	
	ナイト説明会	11月15日 金	19:00	不	
	プログラミング入試体験会	11月16日 土	9:30	要	6年生
	適性検査型入試体験&説明会	11月16日 土	14:00	要	
	学校説明会	11月30日 土	9:30	要	
	プログラミング入試体験会	12月7日 土	9:30	要	6年生
	ナイト説明会	12月12日 木	19:00	不	
	プログラミング入試体験会	1月11日 土	9:30	要	6年生
	適性検査型入試体験&説明会	1月11日 土	14:00	要	
	プチセツ	1月17日 金	10:00	要	
	ナイト説明会	1月17日 金	19:00	不	
◎桜丘	ナイト説明会	11月22日 金	18:30	要	保護者
	学校説明会	12月14日 土	14:00	要	
	入試直前対策会	1月5日 日	9:00	要	
	学校説明会	1月18日 土	14:00	要	
◎狭山ヶ丘高等学校付属	学校見学説明会	11月17日 日	10:00	不	
		11月30日 土	10:00	不	
◎志学館	入試相談会	12月14日 土	10:00	要	6年生
◎自修館	入試体験会	11月30日 土	9:00	要	
	入試説明会	12月20日 金	14:00	要	
	ミニ入試説明会	1月9日 木	10:00	要	
		1月15日 水	10:00	要	
	探究入試説明会	1月18日 土	10:00	要	

学校名	行事内容	開催日	開始時間	予約	備考
◎昌平	授業見学	11月30日 土	11:30	要	
	学校説明会・入試直前対策授業体験	12月14日 土	10:00	不	
●城北	クラブ体験	11月16日 土	13:30	要	
	入試説明会	11月23日 土	10:00	要	6年生
		11月30日 土	13:30	要	6年生
	施設見学会	12月14日 土	13:30	要	
		12月15日 日	10:00	要	
●城北埼玉	ナイト説明会	11月11日 月	18:30	不	
	学校説明会	11月16日 土	10:40	不	
		12月15日 日	10:40	不	
◎翔凜	入試説明会	11月23日 土	10:00	要	保護者
		12月22日 日	10:00	要	保護者
	見たい・知りたい翔凜中	1月5日 日	10:00	要	保護者
◎昭和学院	入試説明会	12月14日 土	10:00	要	
○昭和女子大学附属昭和	オープンスクール	11月18日 月	10:30	要	
	学校説明会	11月23日 土	10:00	要	保護者
	入試問題解説	11月23日 土	10:00	要	6年生
	学校説明会	12月15日 日	10:00	要	保護者
	体験授業・体験クラブ・入試問題解説	12月15日 日	10:00	要	受験生(入試問題解説は6年生)
	学校説明会	1月11日 土	10:00	要	
○女子学院	学校説明会	11月12日 火	8:10	要	保護者(3年生以上)
		11月14日 木	8:10	要	保護者(3年生以上)
		11月16日 土	10:00	要	保護者(3年生以上)
○女子聖学院	学校説明会	11月14日 木	10:00	要	
		11月16日 土	14:00	要	
	ナイト説明会	11月22日 金	18:30	要	保護者
	女子聖Jr.Workshop・言語数理リテラシー入試説明会	11月30日 土	10:30	要	
	入試体験会	12月7日 土	9:00	要	
	PTAクリスマス	12月14日 土	13:30	要	
	学校説明会	1月11日 土	9:30	要	
	JSGプレシャス説明会	1月11日 土	11:00	要	保護者
	ミニ説明会&個別相談	1月25日 土	10:00	要	6年生
○女子美術大学付属	学校説明会	11月16日 土	14:00	要	
	ミニ学校説明会	11月30日 土	14:00	要	
		1月11日 土	14:00	要	
○白梅学園清修	2・4科入試説明会	11月16日 土	14:00	要	
	適性検査型入試説明会	11月23日 土	10:00	要	
	学校説明会	12月1日 日	10:00	要	
	2・4科入試説明会	12月14日 土	14:00	要	
	適性検査型入試体験会	12月21日 土	8:30	要	
	適性検査型入試直前講座	1月11日 土	9:30	要	
	授業見学会&ミニ説明会	1月25日 土	9:30	要	
○白百合学園	学校説明会	11月30日 土	14:00	要	
●巣鴨	学校説明会	12月7日 土	10:00	要	
●逗子開成	土曜見学会	11月30日 土	10:00	要	
	秋の入試説明会	12月13日 金	14:00	要	
	土曜見学会	1月25日 土	10:00	要	
◎駿台学園	学校説明会	11月16日 土	13:30	不	
	休日個別相談会	11月17日 日	10:00	要	
	学校説明会	12月7日 土	10:00	不	
		12月14日 土	10:00	不	
	英語フェスティヴァル	12月21日 土	13:00	不	
	学校説明会	1月11日 土	10:00	不	

学校名	行事内容	開催日	開始時間	予約	備考
◎自由の森学園	音楽祭	12月20日 金			
		12月21日 土			
◎秀明大学学校教師学部附属秀明八千代	入試直前学習会	11月23日 土	10:00	要	
	学校説明会	12月21日 土	10:00	要	
	入試直前学習会	1月11日 土	10:00	要	
	学校説明会	1月25日 土	10:00	要	
○十文字	イブニング説明会	11月15日 金	18:30	要	
	入試体験会	11月23日 土	10:00	要	
		12月15日 日	10:00	要	
	個別相談会	12月26日 木	10:00	要	
◎淑徳	学校説明会	11月23日 土	9:30	要	
		12月8日 日	14:30	要	
	留学コース比較文化発表会	1月25日 土	午後	要	
○淑徳SC	学校説明会	11月17日 日	10:30	要	
		12月1日 日	10:30	要	
	イブニング相談会	12月4日 水	17:00	要	
		12月5日 木	17:00	要	
		12月6日 金	17:00	要	
	学校説明会	12月7日 土	14:00	要	
	イブニング相談会	12月7日 土	17:00	要	
		12月8日 日	17:00	要	
		12月9日 月	17:00	要	
		12月10日 火	17:00	要	
		12月11日 水	17:00	要	
		12月12日 木	17:00	要	
		12月13日 金	17:00	要	
	学校説明会	12月15日 日	10:30	要	
		1月11日 土	14:00	要	
◎淑徳巣鴨	入試体験+学校説明会	11月24日 日	9:00	要	
	学校説明会	12月15日 日	10:00	要	
	入試対策説明会	1月12日 日	10:00	要	
		1月12日 日	14:00	要	
○淑徳与野	学校説明会	12月13日 金	13:30	要	
◎順天	読書感想発表会	11月21日 木	13:30	要	4～6年生
	学校説明会	12月14日 土	13:00	要	4～6年生
◎松陰	入試説明会	11月23日 土	10:00	不	
		12月7日 土	10:00	不	
○頌栄女子学院	クリスマスこども会	11月30日 土	13:00	要	
●城西川越	問題解説学習会	11月23日 土		要	
	入試相談会	12月7日 土	9:00	要	
	学校説明会	12月7日 土	14:30	不	
◎城西大学附属城西	中学体験入学	11月17日 日	9:50	要	授業体験は4年生以上
	音楽祭	11月19日 火	13:00	要	新宿文化センター
	入試説明会	12月7日 土	14:30	要	6年生
		1月11日 土	14:30	要	6年生
◎常総学院	入試説明会	11月17日 日	10:00	要	
	入試説明会 in 柏の葉	11月30日 土	10:00	要	柏の葉カンファレンスセンター
◎聖徳学園	適性検査型説明会	11月16日 土	10:00	要	
	体験授業説明会	11月16日 土	14:30	要	
	ナイト説明会	11月27日 水	18:00	要	
	適性検査型説明会	12月14日 土	10:00	要	
	入試体験会	12月14日 土	14:30	要	
		1月18日 土	14:30	要	
◎湘南学園	入試説明会	11月20日 水	9:30	要	
	公開授業	11月22日 金	10:10	不	
	入試説明会	12月21日 土	9:00	要	6年生
	入試直前学校見学・ミニ説明会	1月11日 土	10:00	要	6年生
		1月18日 土	10:00	要	6年生
	合唱コンクール	1月24日 金	10:00	不	藤沢市民会館大ホール
○湘南白百合学園	入試説明会	11月16日 土	14:00	不	
	入試直前説明会	12月14日 土	9:30	要	6年生
◎昌平	学校説明会	11月30日 土	10:00	不	

学校名	行事内容	開催日	開始時間	予約	備考
◎成立学園	個別相談会	12月24日 火	13:00	不	
	わかるテスト	1月11日 土	8:30	要	6年生
	学校説明会	1月11日 土	10:00	要	
◎青稜	体験入学	11月16日 土	14:00	要	5、6年生
	学校説明会	11月30日 土	10:30	不	保護者
	入試個別相談会	1月9日 木	10:30	不	保護者
○聖和学院	説明会・クリスマスイベント	12月7日 土	10:00	不	
	個別説明会	12月14日 土	10:00	要	
		12月21日 土	10:00	要	
	説明会・入試対策説明会	1月11日 土	10:00	不	
	個別相談会	1月18日 土	10:00	要	
		1月25日 土	10:00	要	
●世田谷学園	5年生以下対象説明会	11月16日 土	10:30	要	5年生以下
		11月25日 月	10:30	要	5年生以下
	6年生対象説明会	11月30日 土	10:30	要	6年生
		12月7日 土	10:30	要	6年生
	入試直前説明会	12月14日 土		要	6年生
◎専修大学松戸	説明会	12月7日 土	10:00	要	
		1月5日 日	14:00	要	6年生
○洗足学園	学校説明会・体験授業	11月30日 土	10:00	不	
	入試問題説明会	12月14日 土	8:30	要	6年生
		12月14日 土	13:00	要	6年生
○捜真女学校	ナイト説明会	11月29日 金	18:30	要	
	捜真クルーズ	11月30日 土	14:00	要	
		12月14日 土	14:00	要	
	学校説明会	1月11日 土	10:00	要	6年生
	捜真クルーズ	1月15日 水	14:00	要	
		1月23日 木	14:00	要	
◎相洋	学校説明会	12月8日 日	10:00	要	受験体験は6年生
タ ●高輪	入試説明会	12月7日 土	14:00	要	
		12月12日 木	14:00	要	
		1月8日 水	14:00	要	
○瀧野川女子学園	入試チャレンジ&解説会	11月16日 土	13:30	要	6年生
	学校説明会	11月30日 土	11:00	要	4年生以上
		12月14日 土	13:30	要	4年生以上
		1月11日 土	13:30	要	4年生以上
◎橘学苑	受験生のための模擬試験	12月22日 日	8:20	要	受験生
	学校説明会	12月22日 日	8:30	要	保護者
		1月18日 土	14:00	要	保護者
◎玉川学園	入試問題チャレンジ会	11月16日 土	10:00	要	
	学校説明会	11月22日 金	19:00	要	
	入試問題説明会	12月7日 土	10:00	要	
	学校説明会	1月16日 木	10:00	要	
○玉川聖学院	ミニ説明会	11月16日 土	10:00	要	
	プレテスト	11月23日 土	9:00	要	6年生
	ミニ説明会	11月30日 土	10:00	要	
	保護者向け「人間学」講座	12月6日 金	10:45	要	保護者
	受験生向けクリスマス	12月7日 土	10:00	要	
	ミニ説明会	12月14日 土	10:00	要	
	適性検査型プレテスト	12月14日 土	14:00	要	6年生
	ミニ説明会	12月21日 土	10:00	要	
	適性検査型入試説明会	1月11日 土	10:00	要	
	入試説明会	1月11日 土	14:00	要	
○玉川聖学院	保護者向け「人間学」講座	1月17日 金	10:45	要	保護者
	ミニ説明会	1月18日 土	10:00	要	
		1月25日 土	10:00	要	
◎多摩大学附属聖ヶ丘	適性型説明会	11月16日 土	14:00	要	
	学校説明会	12月8日 日	10:00	要	6年生
	合唱コンクール	12月20日 金	12:00	不	ひの煉瓦ホール
サ ◎駿台学園		1月18日 土	10:00	不	
●聖学院	学校説明会	11月30日 土	10:00	要	
		12月21日 土	10:00	要	
		1月11日 土	10:30	要	
◎成蹊	入試対策講座	11月16日 土	13:30	要	6年生
●成城	学校説明会	11月16日 土	10:30	要	
		11月27日 水	10:30	要	
		1月11日 土	10:30	要	6年生
◎成城学園	ミニ学校説明会	1月6日 月		不	
○成女学園	一般入試直前対策説明会	1月18日 土	9:00	要	
◎清真学園	学校説明会	11月16日 土	13:30	要	
	後期入試説明会	1月25日 土	13:30	要	
○聖セシリア女子	学校説明会	11月12日 火	10:00	不	
	学校見学会	11月28日 木	10:00	要	
	学校説明会	12月14日 土	10:00	不	
	学校見学会	1月21日 火	10:00	要	
○清泉女学院	入試説明会	11月16日 土	10:00	不	4～6年生
	保護者見学会	11月22日 金	10:00	要	保護者
	親子見学会	12月21日 土	10:00	要	
○聖徳大学附属女子	学校説明会・個別相談会	11月16日 土	9:30	要	
	授業見学会	11月16日 土	9:30	要	
	オープンスクール	11月24日 日	9:30	要	4・5年生
	個別相談会	12月14日 土	9:30	要	
	授業体験	12月14日 土	9:30	要	受験生
	個別相談会	12月21日 土	9:30	要	
		12月22日 日	9:30	要	
	学校説明会・個別相談会	1月5日 日	9:30	要	
	入試問題にチャレンジ	1月5日 日	9:30	要	受験生
○聖ドミニコ学園	公開授業	11月13日 水	9:35	要	
	学校説明会&入試体験	11月24日 日	10:00	要	
	学校説明会&クリスマスの集い	12月15日 日	10:00	要	
	学校説明会	1月12日 日	10:00	要	
○星美学園	学校説明会&授業体験会(宗教)	12月22日 日	14:00	要	
	クリスマス会	12月22日 日	16:00	要	
	入試体験会(国語・算数・適性)	1月12日 日	8:30	要	6年生
◎西武学園文理	適性検査型入試ナイト説明会	11月13日 水	19:30	要	大泉学園ゆめりあホール
	入試対策講座	12月8日 日	9:30	要	
		12月22日 日	9:30	要	
◎西武台千葉	学校説明会	11月23日 土	10:00	不	
		12月14日 土	14:00	不	
◎西武台新座	入試模擬体験会	11月23日 土	9:30	要	
	入試直前情報説明会	12月15日 日	9:30	不	
◎聖望学園	クリスマスツリー点灯式	11月29日 金	17:00	不	
	入試直前相談会	12月21日 土	13:00	要	
○聖ヨゼフ学園	クリスマスバザー・ワークショップ	11月24日 日	10:00	不	
	体験入試	12月15日 日	9:00	要	5、6年生
	入試直前説明会	1月13日 月	10:00	不	
	グループ面談体験	1月13日 月	10:00	要	6年生
◎成立学園	個別相談会	11月14日 木	13:00	不	
	ミニ説明会	11月23日 土	10:00	要	
	個別相談会	11月30日 土	13:00	不	
		12月7日 土	13:00	不	
	ミニ説明会	12月7日 土	14:00	要	
	個別相談会	12月14日 土	13:00	不	
	わかるテスト	12月15日 日	8:30	要	6年生
	学校説明会	12月15日 日	10:00	要	
	個別相談会	12月22日 日	13:00	不	
	ミニ説明会	12月22日 日	14:00	要	
	個別相談会	12月23日 月	13:00	不	

学校名	行事内容	開催日	開始時間	予約	備考
◎東海大学付属高輪台高等学校	学校説明見学会	12月8日(日)	10:00	不	
		1月12日(日)	10:00	不	
○東京家政大学附属女子	ミニ学校説明会	11月15日(金)	10:00	要	
	秋のオープンスクール	11月16日(土)	10:00	要	
		11月16日(土)	14:00	要	3～6年生
	ミニ学校説明会	11月22日(金)	10:00	要	
	入試個別相談会	11月23日(土)	10:00	要	
	スクールランチ試食会	11月23日(土)	11:00	要	4～6年生
	ミニ学校説明会	11月29日(金)	10:00	要	
		11月30日(土)	10:00	要	
	学校説明会・入試体験	12月15日(日)	10:00	要	3～6年生
	入試個別相談会	12月15日(日)	10:00	要	
		12月16日(月)	10:00	要	
		12月25日(水)	10:00	要	
		12月26日(木)	10:00	要	
	ミニ学校説明会	1月11日(土)	10:00	要	
	学校説明会	1月12日(日)	10:00	要	3～6年生
	ミニ学校説明会	1月17日(金)	10:00	要	
		1月25日(土)	10:00	要	
○東京純心女子	個別相談	11月30日(土)	13:00	要	
	入試体験会	12月1日(日)	14:00	要	6年生
	適性検査型入試説明会	12月22日(日)	9:00	要	
	クリスマス・ページェント	12月22日(日)	10:30	要	
	入試体験会	1月5日(日)	9:00	要	6年生
	学校説明会	1月11日(土)	10:30	要	
	個別相談	1月11日(土)	13:00	要	
○東京女学館	入試説明会	11月16日(土)	14:00	要	6年生
		12月14日(土)	13:00	要	6年生
○東京女子学院	イブニング説明会	11月12日(火)	18:00	要	
	学校説明会	11月23日(土)	10:00	要	
		11月30日(土)	13:30	要	
	イブニング説明会	12月3日(火)	18:00	要	
	学校説明会	12月7日(土)	13:30	要	
	個別相談会	12月21日(土)	10:00	要	
○東京女子学園	個別相談会	11月30日(土)	14:00	要	
		12月14日(土)	14:00	要	
	学校説明会・入試対策勉強会	12月22日(日)	10:00	要	
	個別相談会	1月11日(土)	14:00	要	
		1月18日(土)	14:00	要	
		1月25日(土)	14:00	要	
◎東京成徳大学	学校説明会＆体験学習	11月17日(日)	10:00	要	
	入試説明会（4科）	12月22日(日)	10:00	要	
	入試説明会（思考力）	12月22日(日)	13:00	要	
	入試説明会（4科）	1月7日(火)	10:00	要	
	入試説明会（思考力）	1月7日(火)	13:00	要	
	学校説明会	1月19日(日)	10:00	要	
◎東京成徳大学深谷	外部相談会（鴻巣）	11月16日(土)	9:30	要	鴻巣市文化センター
	外部相談会（行田）	11月16日(土)	13:30	要	行田市商工センター
	文化祭	11月16日(土)	9:00	要	
	学校説明会	11月24日(日)	9:00	要	
	外部相談会（本庄）	11月30日(土)	9:30	要	本庄市民文化会館
	外部相談会（上尾）	11月30日(土)	9:30	要	上尾市文化センター
	学校説明会	12月8日(日)	9:00	要	
◎東京電機大学	コンピュータ教室	11月16日(土)	14:30	要	
	入試過去問解説会	12月14日(土)	10:00	要	6年生
	学校説明会・入学体験	1月6日(月)	14:30	要	6年生
	学校説明会	1月18日(土)	10:00	要	5年生以下
◎東京都市大学等々力	懇談会形式ミニ説明会	11月16日(土)	14:00	要	
	入試説明会	11月17日(日)	14:30	要	
		11月17日(日)	15:00	要	

学校名	行事内容	開催日	開始時間	予約	備考
◎多摩大学附属聖ヶ丘	学校説明会	1月11日(土)	14:00	要	6年生
◎多摩大学目黒	クラブ体験	11月23日(土)	10:00	要	5、6年生、あざみ野セミナーハウス
	特待・特進入試問題解説会	12月14日(土)	10:00	要	6年生
	学校説明会	1月10日(金)	19:00	不	5、6年生
		1月11日(土)	10:00	不	5、6年生
◎千葉日本大学第一	学校説明会	12月7日(土)	14:00	要	
◎千葉明徳	天体観望会	12月4日(水)	16:30	要	
	学校説明会	12月15日(日)	10:00	要	6年生
	小6対象個別相談会	1月11日(土)	9:00	要	6年生
		1月11日(土)	10:00	要	6年生
		1月11日(土)	11:00	要	6年生
◎中央大学附属	学校説明会	11月30日(土)	13:00	要	
		11月30日(土)	15:30	要	
◎中央大学附属横浜	学校説明会	12月7日(土)	14:00	要	
◎鶴見大学附属	ミニ説明会	11月17日(日)	10:00	不	
	合唱祭	11月21日(木)	13:00	不	
	入試問題の傾向と対策	11月30日(土)	10:00	不	
	サテライト説明会	12月6日(金)	19:00	要	鶴見大学会館
	ミニ説明会	12月7日(土)	10:00	不	
	入試模擬体験	12月14日(土)	9:00	要	
	入試直前説明会	1月11日(土)	10:00	不	
	ミニ説明会	1月25日(土)	10:00	不	
◎帝京	合唱コンクール	11月22日(金)	10:00	不	川口総合文化センター・リリア
	入試問題研究会	12月14日(土)	13:30	要	4～6年生
	直前！　入試問題説明会	1月11日(土)	13:30	不	
◎帝京大学	学校説明会・授業見学	11月16日(土)	10:00	要	
	基本情報説明会	12月15日(日)	13:00	要	
	親子で受ける！４科目過去問対策授業	12月15日(日)	14:00	要	5、6年生
	基本情報説明会	1月5日(日)	13:00	要	
	親子で受ける！４科目過去問対策授業	1月5日(日)	14:00	要	5、6年生
◎帝京八王子	吹奏楽部定期演奏会	11月22日(金)	15:30	不	八王子いちょうホール
	中学入試問題解説・ランチ体験・学校説明会	11月30日(土)	10:40	要	
	体験入試・学校説明会・個別相談会	12月22日(日)	9:30	要	
		1月12日(日)	9:30	要	
◎貞静学園	学校説明会	11月16日(土)	10:00	要	
		1月11日(土)	10:00	要	
○田園調布学園	土曜プログラム見学会	11月16日(土)	8:50	要	
		11月16日(土)	10:15	要	
	入試直前学校説明会	12月7日(土)	10:00	要	6年生
		12月13日(金)	19:30	要	6年生
		1月9日(木)	19:30	要	6年生
	定期音楽会	1月23日(木)	12:30		みなとみらいホール
◎桐蔭学園	入試体験会・説明会	12月14日(土)	9:30	要	6年生
◎東海大学菅生高等学校	入試体験教室	11月23日(土)	10:00	要	6年生
	音楽祭	12月20日(金)	13:00	不	秋川キララホール
	入試体験教室	12月22日(日)	10:00	要	6年生
	学校説明会	1月11日(土)	14:00	不	
◎東海大学付属浦安高等学校	学校説明会	12月14日(土)	13:30	不	
◎東海大学付属相模高等学校	学校説明会	11月24日(日)	10:00	不	
		12月15日(日)	10:00	不	
	中等部吹奏楽部定期演奏会	12月15日(日)	14:00	不	

学校名	行事内容	開催日	開始時間	予約	備考
○トキワ松学園	土曜日のミニ見学会	11月16日 土	10:30	要	
	学校説明会・VTS体験	11月29日 金	10:00	要	保護者
	適性検査型入試説明会	12月7日 土	14:30	要	
	入試説明会・入試体験	12月22日 日	14:00	要	5、6年生
	入試説明会・算数勉強教室	1月11日 土	14:30	要	算数勉強教室は6年生
	土曜日のミニ見学会	1月18日 土	10:30	要	
	初めての方対象の説明会	1月25日 土	14:30	要	
●獨協	入試問題説明会	12月21日 土	10:00	要	6年生
	学校説明会	12月21日 土	11:30	要	
		1月12日 日	10:00	要	
◎獨協埼玉	学校説明会	11月23日 土	10:00	不	
		12月15日 日	10:00	不	
◎ドルトン東京学園	授業見学会	11月13日 水	10:00	要	
	入試体験	11月16日 土	10:00	要	
		11月23日 土	10:00	要	
	過去問題解説	12月7日 土	10:00	要	
		12月21日 土	10:00	要	
	入試対策	1月11日 土	10:00	要	
		1月11日 土	13:30	要	
ナ ○中村	オープンキャンパス	11月24日 日	9:30	要	5年生以下
	入試体験&入試説明会	11月24日 日	9:30	要	5、6年生
		12月14日 土	9:30	要	5、6年生
	Café説明会	12月22日 日	9:30	要	保護者
	入試体験&入試説明会	1月18日 土	9:30	要	5、6年生
		1月25日 土	9:30	要	6年生
◎二松学舎大学附属柏	学校説明会	11月23日 土	9:30	不	
		12月7日 土	9:30	不	
		12月14日 土	9:30	不	
		12月22日 日	9:30	不	
		1月11日 土	9:30	不	
◎新渡戸文化	公開授業	11月16日 土	9:35	不	
	学校説明会	11月30日 土	14:00	要	
	学校説明会&入試問題説明会	12月14日 土	14:00	要	
		1月11日 土	14:00	要	
●日本学園	入試説明会	11月26日 火	10:00	不	
	入試問題解説会	12月21日 土	10:00	不	
	入試説明会	1月11日 土	10:00	不	
	入試問題解説会	1月18日 土	10:00	不	
○日本女子大学附属	入試問題解説会	11月16日 土	14:00	要	
	親子天体観望会	12月7日 土	17:00	要	
○日本体育大学桜華	部活動体験会	11月14日 木	16:00	不	
	学校説明会	11月16日 土	14:30	不	
		11月23日 土	10:00	不	
	トワイライト個別相談会	12月2日 月	17:00	要	
		12月3日 火	17:00	要	
		12月4日 水	17:00	要	
		12月5日 木	17:00	要	
	トワイライト個別相談会	12月6日 金	17:00	要	
	個別相談会	12月26日 木	10:00	要	
		1月11日 土	14:30	要	
◎日本大学	中学校説明会	12月7日 土	9:30	不	
◎日本大学第一	学校説明会	11月16日 土	10:00	要	
		11月16日 土	14:00	要	
	中学入試直前相談会	1月11日 土	14:00	要	
◎日本大学第三	入試説明会	11月30日 土	13:45	要	
		1月11日 土	13:45	要	
◎日本大学第二	学校説明会	11月16日 土	14:00	要	
		1月11日 土	14:00	要	
●日本大学豊山	授業体験・クラブ体験	11月17日 日	13:30	要	受験生
	学校説明会	11月17日 日	13:30	不	
	入試解法ミニ講座	12月7日 土	14:00	要	受験生
タ ◎東京都市大学等々力	懇談会形式ミニ説明会	11月30日 土	14:00	要	
	入試説明会	12月15日 日	14:30	要	
		12月15日 日	15:00	要	
	AL入試説明会	12月22日 日	10:00	要	
	入試説明会	1月12日 日	10:00	要	
		1月12日 日	10:30	要	
●東京都市大学付属	水曜ミニ説明会	11月13日 水	10:00	要	
	入試説明会	11月23日 土	10:00	要	
	過去問チャレンジ	11月23日 土	10:00	要	6年生
	土曜ミニ説明会	1月18日 土	10:00	要	
◎東京農業大学第一高等学校附属	入試対策説明会	12月8日 日	10:00	要	東京農業大学百周年記念講堂
		12月8日 日	14:00	要	東京農業大学百周年記念講堂
	説明会	1月12日 日	10:00	要	東京農業大学百周年記念講堂
◎東京農業大学第三高等学校附属	イブニング説明会(大宮)	11月11日 月	19:00	不	大宮ソニックシティ
	イブニング説明会(川越)	11月12日 火	19:00	不	東上パールビルヂング
	イブニング説明会(熊谷)	11月12日 火	19:00	不	キングアンバサダーホテル熊谷
	イブニング説明会(朝霞台)	11月中旬	19:00	不	朝霞市文化産業センター
	入試模擬体験	11月23日 土	9:30	要	
	学校説明会	12月7日 土	9:30	要	
□桐光学園	入試問題説明会	11月16日 土	13:30	要	6年生
	説明会	11月23日 土	10:30	要	
	帰国生対象入試問題説明会	12月14日 土	13:30	要	
	入試直前説明会	12月22日 日	10:30	要	6年生
◎東星学園	オープンキャンパスウィーク	11月11日 月 〜 11月15日 金	14:50	要	
	学校説明会	11月30日 土	14:30	要	
	クリスマス会	12月21日 土	9:30	要	
	入試体験会	1月11日 土	14:00	要	
●桐朋	学校説明会	11月30日 土	14:00	要	6年生
◎東邦音楽大学附属東邦	体験レッスン	11月16日 土	9:00	要	
	定期演奏会(ウィンドオーケストラ)	11月21日 木		不	文京シビックホール
	定期演奏会(合唱)	11月23日 土		不	東邦音楽大学グランツザール
	体験レッスン	11月30日 土	9:00	要	
	定期演奏会(オーケストラ)	12月13日 金		不	和光市民文化センター
	体験レッスン	12月14日 土	9:00	要	
	入試直前講習会	12月21日 土	9:00	要	6年生
		1月11日 土	9:00	要	6年生
○桐朋女子	学校説明会	11月30日 土	14:00	要	
		1月11日 土	14:00	要	
◎東邦大学付属東邦	学校見学会・説明会	11月16日 土	10:00	要	
○東洋英和女学院	入試説明会	11月30日 土	9:00	不	6年生
	クリスマス音楽会	12月14日 土	13:00	不	
		12月14日 土	15:00	不	
	学校説明会	12月26日 木	10:00	要	
◎東洋大学京北	学校説明会	12月14日 土	14:00	要	
	入試問題対策会	12月22日 日	9:00	要	東洋大学白山キャンパス
		12月22日 日	13:30	要	東洋大学白山キャンパス
	学校説明会	1月11日 土	15:00	要	
●藤嶺学園藤沢	学校説明会	11月16日 土	10:30	要	
	入試問題対策説明会	12月7日 土	10:30	要	

学校名	行事内容	開催日	開始時間	予約	備考
●武相	プレ入試にチャレンジ	12月7日 土	15:00	要	6年生
	学校・入試説明会	1月13日 月	9:00	不	
◎武南	入試体験会	11月23日 土	8:30	要	
		12月8日 日	8:30	要	
	イブニング説明会	12月13日 金	18:30	不	保護者
○普連土学園	学校説明会	11月19日 火	10:00	要	保護者
	イブニング説明会	11月29日 金	19:00	要	
	入試解説会	12月7日 土	10:00	要	
	生徒への質問会	12月14日 土	10:00	要	
	入試解説会	1月11日 土	10:00	要	
◎文化学園大学杉並	ICT公開授業・授業見学会	11月16日 土	9:00	不	
		11月21日 木	9:00	不	
	入試説明会	12月7日 土	14:00	要	
	学校説明会	12月15日 日	10:00	要	
	入試説明会	1月11日 土	14:00	要	
○文京学院大学女子	授業が見られる説明会	11月16日 土	10:00	不	
	入試解説	11月24日 日	10:00	不	
		11月24日 日	13:30	不	
	イブニングセッション（学校説明会）	11月29日 金	18:30	不	
	入試体験	12月15日 日	9:00	要	
	入試解説	1月12日 日	10:00	不	
		1月12日 日	13:30	不	
	何でも相談会（学校説明会）	1月19日 日	10:00	要	
◎文教大学付属	みらい創造入試問題解説会	11月16日 土	10:30	不	
	学校説明会	11月30日 土	10:30	不	
	入試模擬体験	12月14日 土	14:00	要	
	入試問題対策説明会	1月11日 土	14:00	要	
	ミニ説明会	1月15日 水	10:30	不	
	授業公開デー	1月25日 土	11:00	不	
◎法政大学	入試直前対策講習会	12月7日 土	8:30	要	
	施設見学会	12月21日 土	13:00	要	
		12月21日 土	15:00	要	
		1月11日 土	14:30	要	
◎法政大学第二	学校説明会・体験授業	11月16日 土	14:30	要	
◎宝仙学園共学部理数インター	プレミアム相談会	11月12日 火	10:30	要	
	中学説明会	11月16日 土	10:30	要	
	プレミアム相談会	12月6日 金	10:30	要	
	入試体験会	12月21日 土	8:30	要	
	中学説明会（4科入試・新4科入試）	1月11日 土	14:30	要	
	中学説明会（公立一貫型入試）	1月18日 土	14:30	要	
	新入試説明会（入試『理数インター』・リベラルアーツ入試・グローバル入試他）	1月25日 土	10:30	要	
◎星野学園	入試説明会	11月17日 日	10:00	要	
		12月8日 日	10:00	要	
◎細田学園	入試体験会	11月23日 土	9:00	要	
●本郷	入試説明会	11月30日 土	14:00	要	
	学校見学会	12月22日 日	10:30	要	
		12月22日 日	14:00	要	
◎本庄第一	入試対策講座	11月23日 土	10:00	要	6年生
	学校説明会	12月7日 土	10:00	要	
	入試対策講座	12月7日 土	13:00	要	6年生
		12月14日 土	10:00	要	6年生
◎本庄東高等学校附属	学校説明会	11月23日 土	9:30	要	
	受験相談会	12月7日 土	14:00	要	6年生
		12月7日 土	15:00	要	6年生
		12月22日 日	9:30	要	6年生
		12月22日 日	10:30	要	6年生
マ ○聖園女学院	帰国生説明会	11月20日 水	9:30	要	

学校名	行事内容	開催日	開始時間	予約	備考
●日本大学豊山	入試説明会	12月7日 土	14:00	不	
	入試解法ミニ講座	1月11日 土	14:00	要	受験生
	入試説明会	1月11日 土	14:00	不	
○日本大学豊山女子	学校説明会	11月23日 土	10:00	要	
	池袋ミニ説明会	11月29日 金	18:15	要	アットビジネスセンター池袋駅前別館
	学校見学会	11月30日 土	10:00	要	
	プレテスト（2科）	12月7日 土	14:00	要	
	プレテスト（新タイプ）	12月14日 土	14:00	要	
	学校説明会	1月12日 日	10:00	要	
	学校見学会	1月18日 土	10:00	要	
		1月25日 土	10:00	要	
◎日本大学藤沢	入試説明会	11月16日 土	14:00	不	
八 ●函館ラ・サール	学校説明会	11月17日 日	10:00	不	フクラシア東京ステーション
		11月24日 日	10:00	不	TOC有明
◎八王子学園八王子	「探究ゼミ」見学&説明会	11月13日 水	10:00	要	
	ナイト説明会	11月13日 水	18:00	要	保護者
	保護者対象説明会	11月14日 木	10:00	要	保護者
	入試問題ガイダンス&説明会	11月16日 土	10:00	要	
	保護者による学校説明会	11月16日 土	14:00	要	
	保護者対象説明会	12月2日 月	10:00	要	保護者
	ナイト説明会	12月4日 水	18:00	要	
	入試模擬問題体験&説明会（2科・4科型）	12月15日 日	10:00	要	
	入試模擬問題体験&説明会（適性検査型）	12月22日 日	10:00	要	
	冬期学校見学会	1月4日 土	10:00	要	
	保護者対象直前説明会	1月9日 木	16:00	要	保護者
	入試直前対策説明会	1月11日 土	10:00	要	
	保護者対象直前説明会	1月14日 火	16:00	要	保護者
		1月20日 月	16:00	要	保護者
		1月22日 水	16:00	要	保護者
◎八王子実践	入試説明会・入試問題解説会	12月21日 土	14:00	要	
		1月18日 土	14:00	要	
◎日出学園	一般入試説明会	12月14日 土	14:00	要	
◎広尾学園	学校説明会・入試傾向説明会	11月17日 日	10:00	要	
		11月17日 日	14:00	要	
	AGガイダンス	11月24日 日	10:00	要	
		11月30日 土	10:00	要	
	学校説明会・入試傾向説明会	12月14日 土	10:00	要	
		12月14日 土	14:00	要	
○フェリス女学院	学校説明会	11月16日 土	10:00	要	保護者
		11月16日 土	14:00	要	保護者
○富士見	学校説明会A	11月16日 土	10:30	要	
	学校説明会B	11月30日 土	13:40	要	5年生以下
	学校説明会A	12月7日 土	10:30	要	
		1月18日 土	10:30	要	
○富士見丘	学校説明会・中学入試ポイント学習会	11月23日 土	10:00	要	
	英語セミナー	11月23日 土	11:10	要	
	学校説明会・チャレンジ体験入試（国・算）	12月7日 土	10:00	要	
	冬休み学校見学会	12月25日 水	10:00	要	
		12月25日 水	13:30	要	
	学校説明会・チャレンジ体験入試（国・算／英／適性検査型）	1月11日 土	13:00	要	
○藤村女子	入試問題体験会	12月7日 土	14:00	不	
	個別相談会	1月11日 土	14:00	不	
●武相	学校・入試説明会	12月1日 日	9:00	不	

学校名	行事内容	開催日	開始時間	予約	備考
◎武蔵野東	学校説明会	12月14日(土)	9:30	要	4～6年生
	入試体験講座	12月14日(土)	9:30	要	6年生
	スクールツアー	12月18日(水)	16:00	要	4～6年生
	入試対策講座	1月11日(土)	9:00	要	6年生
	学校説明会	1月11日(土)	9:30	要	4～6年生
	スクールツアー	1月15日(水)	16:00	要	4～6年生
	入試体験講座	1月18日(土)	9:30	要	6年生
	ミニ説明会	1月18日(土)	10:00	要	4～6年生
	スクールツアー	1月20日(月)	16:00	要	4～6年生
		1月21日(火)	16:00	要	4～6年生
		1月22日(水)	16:00	要	4～6年生
		1月23日(木)	16:00	要	4～6年生
		1月27日(月)	16:00	要	4～6年生
		1月28日(火)	16:00	要	4～6年生
		1月29日(水)	16:00	要	4～6年生
◎明治学院	学校説明会	11月13日(水)	11:00	要	
		11月30日(土)	14:00	要	
	クリスマスの集い	12月20日(金)	15:00	不	
	学校説明会	1月11日(土)	14:00	要	
	ハンドベル定期演奏会	1月24日(金)	19:00	不	なかのZEROホール
●明治大学付属中野	学校説明会	11月16日(土)	9:30	要	
		11月16日(土)	14:00	要	
◎明治大学付属明治	6年生対象入試対策説明会	11月30日(土)	10:00	要	6年生
		11月30日(土)	14:00	要	6年生
◎明星	学校説明会	12月1日(日)		要	
		1月11日(土)		要	
●明法	入試体験会(2科)・入試傾向説明会	12月15日(日)	9:00	要	6年生
	入試体験会(適性型)・学校説明会	1月18日(土)	14:30	要	6年生
◎目黒学院	ミニ説明会	11月16日(土)	10:00	不	
	入試説明会	12月7日(土)	10:00	不	
	ミニ説明会	12月21日(土)	10:00	不	
	入試説明会&プレ入試	1月11日(土)	10:00	不	
	ミニ説明会	1月25日(土)	10:00	不	
○目黒星美学園	入試説明会	11月17日(日)	10:00	要	
	入試体験・入試説明会	12月15日(日)	9:30	要	
	クリスマス会	12月21日(土)	14:00	要	
	入試直前説明会	1月19日(日)	10:00	要	
◎目黒日本大学	学校説明会	11月17日(日)	10:00	要	
	入試解説会	12月14日(土)	14:30	要	6年生
	学校説明会	1月11日(土)	14:30	要	
◎目白研心	説明会	11月16日(土)	10:30	要	
		12月5日(木)	10:30	要	
	入試体験会	12月21日(土)	9:30	要	受験生
	説明会	1月11日(土)	10:30	要	
◎森村学園	学校説明会	11月12日(火)	10:30	要	
	入試問題解説会	12月7日(土)	14:30	要	
	ミニ説明会	1月11日(土)	10:30	要	
ヤ ◎八雲学園	球技大会	11月18日(月)		不	武蔵野の森総合スポーツプラザ
	説明会・英語体験教室	11月23日(土)	10:00	要	
	英語祭	12月7日(土)		不	
	説明会	12月15日(日)	10:00	不	
	百人一首大会	12月19日(木)		不	
	ミニ説明会	1月9日(木)	10:00	不	
◎安田学園	学校説明会・入試体験	11月17日(日)	9:30	要	入試体験は6年生
	学校説明会	12月7日(土)	14:30	要	
		1月11日(土)	14:30	要	
◎山手学院	入試直前説明会	11月30日(土)	14:00	要	
		1月11日(土)	10:00	要	
○山脇学園	入試対策&学校説明会	11月16日(土)	13:30	要	6年生
		12月21日(土)	13:30	要	6年生
		1月11日(土)	9:00	要	6年生
◎横須賀学院	学校説明会	11月16日(土)	9:00	要	保護者

学校名	行事内容	開催日	開始時間	予約	備考
マ ○聖園女学院	はじめての聖園女学院	11月26日(火)	9:30	要	6年生
	学校説明会	11月30日(土)	9:30	不	
	クリスマスキャロル	12月20日(金)	14:00	不	藤沢市民会館
	クリスマスタブロ	12月21日(土)	14:00	要	
	はじめての聖園女学院	1月10日(金)	9:30	要	6年生
	授業見学会	1月21日(火)	10:00	要	6年生
◎三田国際学園	入試傾向説明会・学校説明会	11月16日(土)	10:00	要	
		11月16日(土)	12:40	要	
		12月21日(土)	10:00	要	
◎水戸英宏	入試説明会	12月21日(土)	9:30	要	
		1月18日(土)	9:30	要	
○緑ヶ丘女子	ジュニアイングリッシュ	11月16日(土)	9:30	要	3～6年生
	入試説明会	11月30日(土)	10:00	不	
	個別相談会	12月7日(土)	9:00	不	
	ジュニア・カルチャー・クラス	12月21日(土)	9:30	要	
	ジュニアイングリッシュ	12月21日(土)	9:30	要	3～6年生
	Go for it！英検	12月28日(土)	5級 9:30 4級 11:00 3級 13:00	要	4～6年生
		1月11日(土)	5級 9:30 4級 11:00 3級 13:00	要	4～6年生
	入試説明会	1月11日(土)	10:00	不	
	ジュニアイングリッシュ	1月18日(土)	9:30	要	3～6年生
	Go for it！英検	1月18日(土)	5級 9:30 4級 11:00 3級 13:00	要	4～6年生
		1月25日(土)	5級 9:30 4級 11:00 3級 13:00	要	4～6年生
◎明星学園	入試対策説明会	11月16日(土)	14:00	要	6年生
		12月22日(日)	10:00	要	6年生
	入試直前ミニ個別相談会	1月12日(日)		要	
○三輪田学園	学校説明会	11月16日(土)	12:30	要	
	ミニ学校説明会	11月26日(火)	10:30	要	
	校長と入試問題にチャレンジ	12月7日(土)	10:00	要	6年生
		12月14日(土)	10:00	要	6年生
	入試説明会	12月22日(日)	13:30	要	6年生
	入試説明会	1月11日(土)	10:30	要	6年生
	ミニ学校説明会	1月21日(火)	10:30	要	
◎武蔵野	学校説明会	11月22日(金)	18:00	要	
	入試模擬体験	12月14日(土)	10:30	要	受験生
	中学体験イベント	12月25日(水)	14:00	要	受験生
◎武蔵野大学	入試直前対策講座	11月23日(土)	10:00	要	
	中学校ミニ説明会	1月11日(土)	午前	要	
◎武蔵野東	学校説明会	11月16日(土)	9:30	要	4～6年生
	オープンスクール	11月16日(土)	9:30	要	5、6年生
	スクールツアー	11月27日(水)	16:00	要	4～6年生
	スクールツアー	11月29日(金)	16:00	要	4～6年生
	入試対策講座	12月7日(土)	13:45	要	6年生
	学校説明会	12月7日(土)	14:00	要	4～6年生
	スクールツアー	12月9日(月)	16:00	要	4～6年生
	入試対策講座	12月14日(土)	9:00	要	6年生

学校名	行事内容	開催日	開始時間	予約	備考
ラ ●立教池袋	入試学校説明会	11月12日 火	14:30	要	保護者
○立教女学院	クリスマス礼拝	12月14日 土	10:30	要	5、6年生
●立教新座	学校説明会	11月17日 日	9:30	不	
		11月17日 日	11:00	不	
◎立正大学付属立正	イブニング説明会	11月29日 金	19:00	要	
	学校説明会＋入試問題解説会	12月８日 日	9:30	要	
		12月21日 土	14:00	要	
	学校説明会＋授業見学	１月11日 土	10:00	要	
◎麗澤	入試説明会・小６対象プログラム	11月23日 土	10:00	要	６年生
	ミニ入試説明会	12月15日 日	10:00	要	６年生
		１月11日 土	14:30	要	６年生
ワ ◎和光	和光教研	11月23日 土	9:30	要	
	学校説明会	12月８日 日	10:00	要	
		１月11日 土	13:30	要	
●早稲田大学高等学院	学芸発表会	11月16日 土	9:00	不	
	学校説明会	11月23日 土	14:00	不	
○和洋九段女子	入試対策勉強会	11月30日 土	10:00	要	６年生
	プレテスト・入試説明会	12月22日 日	8:30	要	６年生
	入試対策勉強会	１月11日 土	10:00	要	６年生
○和洋国府台女子	入試説明会	12月７日 土	10:30	不	
	一般入試対策講座	12月７日 土	13:30		６年生
	入試説明会	１月11日 土	10:30	不	

学校名	行事内容	開催日	開始時間	予約	備考
◎横須賀学院	入試問題体験会	11月16日 土	9:00	要	６年生
	水曜ミニ説明会	11月20日 水	10:00	要	保護者
		11月27日 水	10:00	要	保護者
	学校説明会	12月14日 土	10:00	要	
	おもしろ科学体験塾in横須賀学院	12月14日 土	13:00	要	４年生以上
	クリスマス・ページェント	12月19日 木	10:30	要	
	学校説明会	１月11日 土	9:00	要	保護者
	入試問題体験会	１月11日 土	9:00	要	６年生
	土曜直前相談会	１月18日 土	10:00	要	６年生
		１月25日 土	10:00	要	６年生
○横浜女学院	学校説明会	11月16日 土	10:00	要	
	ミニ説明会	11月18日 月	18:30	要	
	学校説明会	12月21日 土	9:15	要	
		１月11日 土	8:30	要	６年生
◎横浜翠陵	土曜授業見学会	11月16日 土	10:00	要	
	模擬入試	11月23日 土	9:30	要	
	入試問題解説会	12月８日 日	9:30	要	
	学校説明会	12月12日 木	10:00	要	保護者
	模擬入試＋適性体験	１月13日 月	9:30	要	
	学校説明会	１月23日 木	10:00	要	保護者
◎横浜創英	カナダ語学研修報告会	11月24日 日	10:00	要	
	模擬入試（２科・４科）・適性検査型入試解説会	12月８日 日	9:00	要	６年生
	出題傾向説明会	１月11日 土	10:00	要	６年生
	入試直前対策講座	１月18日 土	10:00	要	６年生
◎横浜隼人	ミニ説明会	11月18日 月	10:00	要	
	学校説明会・入試体験プレテスト	12月７日 土	14:00	要	６年生
	学校説明会	１月11日 土	10:00	要	
	ミニ説明会	１月18日 土	10:00	要	
◎横浜富士見丘学園	学校説明会	11月13日 水	10:00	不	保護者
	ナイト説明会	11月下旬	19:00	要	旭区民文化センター
	学校説明会	12月１日 日	9:00	不	保護者
	入試対策会	12月８日 日	9:00	要	
	プレ入試体験会	１月７日 火	9:00	要	
	学校説明会	１月17日 金	10:00	不	保護者
◎横浜富士見丘学園	ナイト説明会	１月下旬	19:00	要	旭区民文化センター
○横浜雙葉	土曜日学校案内	11月16日 土	9:00	要	６年生
		11月16日 土	10:00	要	６年生
		11月16日 土	11:00	要	６年生
		12月７日 土	9:00	要	６年生
		12月７日 土	10:00	要	６年生
		12月７日 土	11:00	要	６年生

この表の見方

原則的に受験生と保護者対象のイベントを掲載しています。保護者または受験生のみが対象の場合はそれぞれ「保護者」「受験生」と記載しています。対象学年についての詳細は各中学校にご確認ください。

※日程や時間などが変更になる場合やすでに予約の締め切り日が過ぎている場合もあります。おでかけの際にはかならず各中学校にご確認ください。

※寮のある学校については、首都圏で開催の説明会のみ掲載しています。

データ提供：森上教育研究所

新刊案内　受験生を持つ親に贈る グローバル教育出版の本

子育てのベテランがつづった

●淡路雅夫 著

A5判　256ページ
並製　ソフトカバー
定価:本体2,000円＋税
ISBN978-4-86512-118-6

お父さん　お母さん 気づいていますか？

子どものこころ

娘の気持ち 息子のホンネ 気づいていますか

進学校の教員、校長として、いつも中高生のそばにいた著者が「子育てに流《は》行《や》りはない」という持論を幹に、ご父母に語りかけます。「これからの社会は、ますます子育てに正解のない時代になります。親は、子どもに寄り添いながら、自分の生き方も考えていかなければならない時代です。社会の一員として、新しい時代にふさわしい子どもの学力や社会的人材を育成する意識を持って、子どもを育ててほしいと願っています」……………………淡路雅夫

淡路 雅夫（あわじ　まさお）淡路子育て支援教育研究所主宰。國學院大学・同大学院修了。私立浅野中学・高等学校（神奈川県）の校長歴任後、大学で教員志望学生への教職アドバイザーを務める。講演、執筆活動を通して私学支援を行う。専門分野は子どもの教育・福祉を中心とした家族・親子問題。著書に『児童福祉概論』（八千代出版）、『人に育てられて生きる』（社会評論社）、『お母さんにはわからない思春期の男の子の育て方』（中経出版）、『先生! 子どもが元気に育っていますか?』（弊社）その他。

- 第１章　子どもの育つ環境が変わっていることに気づいて
- 第２章　親の生活格差の拡大と子どもの生活
- 第３章　子育ては、対症療法の指導から教育的対応の時代へ
- 第４章　伸びる子どもには、共通点がある
- 第５章　子どもに豊かなキャリアを
- 第６章　女性の時代と人生100年の学びを
- 第７章　子どもを育てるのは何のため
- 第８章　親が気づかない「子どもの心」

※第８章では、本書の半分のページを割いて、親が具体的に直面する、身近な課題、疑問など約30の問題について取り上げ、著者が「Q＆A方式」で答えます。あなたへの答えが、きっとここにあります。

ご注文ダイヤル ☎03-3253-5944　インターネットでの注文も承っております。http://www.g-ap.com/　**グローバル教育出版**

中学受験 合格アプローチ 2020年度入試用

入試直前 必勝ガイド

あとがき

いよいよ入試が近づきました。まさに正念場のこの時期、保護者のみなさまにとっても胃の痛むような日々ではないでしょうか。

この本は、そんな保護者、受験生のために「入試直前期」にスポットをあてて編集されました。

これまで、一生懸命中学受験に向かって勉強に取り組んできた受験生を見守ってきたお父さま、お母さまなら、だれもが「合格」を手にしたいのは当たり前。神にも祈りたいといった心境でしょう。

でも、ほんとうの「ゴール」はもっとさきにあるはずです。

そのことに思いを馳せることができる保護者のかたは、お子さまにも余裕を持って接することができるでしょう。

あたたかい笑顔での言葉がけが、どんなにお子さまを勇気づけるかわかりません。これからの時期はお子さまに「安心感」を与えつづけることが大切です。どうか、家族みんながおおらかな気持ちで、肩を組んでゴールへと飛びこんでください。

「中学受験」をつうじて、お子さまにもご両親にも、すばらしい成果がもたらされることを願ってやみません。

『合格アプローチ編集部』

ご投稿・ご注文・お問合せは

株式会社グローバル教育出版

【所在地】〒101-0047
東京都千代田区内神田2-5-2 信交会ビル3F

【電話番号】03-3253-5944《合格しよう》(代)

【FAX番号】03-3253-5945

URL:http://www.g-ap.com
e-mail:gokaku@g-ap.com

©PIXTA

合格アプローチ　2020年度入試用
中学受験直前対策号
入試直前 必勝ガイド

2019年11月11日初版第一刷発行

定価:本体 1,000 円 + 税

●発行所/株式会社グローバル教育出版
〒101-0047 東京都千代田区内神田2-5-2 信交会ビル3F
電話 03-3253-5944(代)　FAX 03-3253-5945
http://www.g-ap.com　郵便振替 00140-8-36677

富士見で発揮しよう！
『探究するチカラ』、『創造するチカラ』

2019年度 学校説明会

● 学校説明会A【全学年対象】

11月16日（土）
12月 7日（土）
1月18日（土）
各10：30～

● 学校説明会B【小5以下対象】

11月30日（土）13：40～

2020年度 中学入試日程

● 一般・帰国生入試

		第1回	第2回	第3回
日時		2月1日（土）	2月2日（日）	2月3日（月）
		8：10集合		
試験科目	一般	4科（国語・算数・社会・理科）		
	帰国	2科（国語・算数） 事前面接（保護者・受験生／日本語）		

● 算数1教科入試

日時	2月2日（日）14：40集合
試験科目	算数1教科（60分）

富士見中学高等学校

〒176－0023 東京都練馬区中村北4－8－26 Tel：03－3999－2136 Fax：03－3999－2129
mail@fujimi.ac.jp http://www.fujimi.ac.jp

9784865121827
1920037010003

ISBN978-4-86512-182-7

C0037 ¥1000E

定価：本体1000円+税

に広がる景色を見てみたい」。

そんな気持ちに応えるための学習環境が、桐朋にはあります。

仲間たちと切磋琢磨しながら、あなたにしか描けない未来へ。

桐朋中学校・桐朋高等学校